19
85

송
광
영

19
85

5·18의 시대를 안고 6·10의 불꽃이 된
송광영 평전

송 광 영

송광영·천세용 기념사업회 / 민주화운동기념사업회

1985 송광영을 펴내며

정현종 시인은 "사람이 온다는 건 실은 어마어마한 일이다. 그는 그의 과거와 현재와 그리고 그의 미래와 함께 오기 때문이다"라고 했습니다.

우리 앞에 송광영을 다시 부르면, 그는 그의 삶 깊은 곳에서 뿌리를 이룬 고통의 시대, 그가 스스로 죽음을 택함으로써 멈추고 싶었던 폭력의 시대와 함께 옵니다. 한국전쟁, 베트남 전쟁, 냉전, 유신, 독재, 군사정권 같은 말이 늘 따라붙는 시대입니다. 이 시대 사람들은 배고픔과 두려움, 절망과 희망, 폭력과 저항, 억압과 자유, 가해와 피해를 오가며 때론 깃발 아래 모이고 때론 군홧발 아래 무참히 쓰러졌습니다.

송광영은 횃불을 들었습니다. 전국 최초 대학생 분신이었습니다. 송광영이 밝힌 불길에 덴 자국을 안고 우리는 누가 가라 하지 않은 길을 걸어왔습니다. 그의 횃불은 사람들을 일으켜 한줄기 거대한 힘이 되고 한 시대를 바꾸었습니다. 그는 한 사람이 아니라 한 무리로 다시 태어났습니다. 1980년을 분수령으로 아픔을 꾹꾹 눌러 참고 또 참았던 사람들이 마침내 저항의 목소리를 높여 1987년 민주화의 외침으로 살아나는 사이 그가 있었습니다. 또한 이 힘은 1990년대의 민주화 시위와 민중의 정치 세력화의 물결로 굽이쳤습니다. 광영은 투쟁의 대오에서 수차례 호명되었습니다. 그를 부를 때 우리의 가슴은 뛰었습니다. 우리는 그가 살아 있는 것처럼 살고자 하였습니다. 그리고 이제 중년의 나이가 되었습니다.

우리는 다시 묻습니다. 우리는 잘살아왔습니까? 그는 왜 온몸을 바쳐 불을 밝히려 하였을까요? 살아오다 보니 한 사람으로 제대로 살아가는 일도 벅차고 힘듭니다. 그런데 왜, 송광영은 한 시대의 고통을 온몸으로 받아 안고 불을 지폈을까요? 광영의 목소리로 그의 이야기를 듣고 싶지만, 그는 지금 이천 민주화운동기념공원에 잠들어 있습니다. 세월이 흐르고 시대를 읽는 우리의 목소리도 달라지면서 그의 외침은 조각조각 흩어졌습니다. 분신을 목격한 사람들, 분신 이후 싸웠던 사람들, 광영의 추모제에 모였던 사람들의 기억이 흐려지고 있습니다. 흩어진 기억을 맞추어 광영이라는 한 사람을 입체적으로 살려내고, 그의 목소리를 다시 듣고 싶은데 기억의 조각은 부족하였습니다. 남은 것은 생전에 어머니 이오순이 수기로 남긴 큰 조각과 그 시절 선배들이 소중하게, 혹은 아프게 간직해 온 조각뿐입니다. 비록 오랜 세월이 지나 깎이고 무뎌져 맞지 않는 조각이나마 소중하게 간직해야 할 책임이 느껴졌습니다. 과거의 자료들을 찾아보았습니다. 그런데 그때의 자료들은 열사를 호명하며 투쟁의 열기를 지피는 데 더 힘을 쏟고 있었기에 그의 인간적인 면모를 미처 담아내지 못하였습니다.

눈 딱 감고 빠진 부분을 우리 마음대로 채워 넣고, 그래서 누가 보아도 그럴듯한 사람을 만들 수 있습니다. 그러나 그것은 오히려 열사를 박제하는 일이 아닐까요? 열사를 한 개인으로 되살리는 것은 어떤 의미일까요? 한 개인으로는 누구나 완벽하지 않습니다. 열사 또한 그럴 것입니다. 우리가 한 개인으로 남아 있을 때 느꼈던 고민과 아픔, 성장통을 열사 또한 겪었을 것이고, 부족하고 아쉬워 속상하였을 것입니다. 그럼에도 불구하고 그는 앞으로 나아가고자 하였고, 우리와 다른 결단을 내렸습니다. 그 이유를 우리 마음대로 짐작해도 될까요? 우리의 시대적, 정치적 편의에 따라?

이 작업을 하면서 왜 평전 대부분이 열사의 장점만을 말하다가 개성은 쏙 빠지고 비슷비슷한 인물로 박제되는지 이해할 수 있었습니다. 역사는 그렇게 비슷비슷하게 완벽한 사람이 만드는 게 아닌데도 말입니다. 모나고 거칠고 어설픈 사람들이지만 서로 만나서 깎이고 부딪히면서 둥글게 합쳐지기도 하는 게 우리네 사람들이니 말입니다. 그러나 이 또한 위험합니다. 이미 죽어 변명할 수 없는 사람을 두고 이러쿵저러쿵 우리 마음대로 깎아내릴 수는 없기 때문입니다. 열사를 한 개인으로 다루는 일은 그만큼 조심스럽습니다. 한 사람을 온전히 기억하기란 또 얼마나 어렵습니까? 그래서 어떤 이는 열사가 술을 좋아했다고 하고, 어떤 이는 그렇지 않다고 기억합니다. 진실은 어디에 있을까요? 혹은 우리가 그 진실을 다 알아낼 수 있을까요?

함부로 말할 수 없는 것들을 단정 짓지 않으려 하다 보니 많이 성긴 작업이 되었음을 고백합니다. 그럼에도 우리는 비어 있는 것은 그대로 두고, 보여지는 것을 정리하여 풀어가려고 하였습니다. 그러다 보니 어떤 이는 송광영이 초라하게 느껴진다며 그가 전태일 이후 가장 위대한 자기희생을 한 사람인데 그 점을 드러내지 못하여 아쉽다고 합니다. 우리가 노동자 송광영을 미처 만나지 못한 점은 정말 아쉽습니다. 훗날이라도 꼭 이 부분은 채워 넣고 싶습니다.

우리가 아는 송광영은 광주와 87년 6월 항쟁을 연결하며 최초의 열사 호명에서 결코 빠지지 않았던 시대의 큰 울림이었고, 한국 민주주의 역사에 변곡점이 된 투쟁의 깃발을 든 사람입니다. 쭉 무소유의 노동자로 살았고, 아마 살아 있었다면 지금도 그렇게 살고 있을 거라고 합니다. 사랑도 명예도 이름도 남기지 않았기에 그는 그때의 우리가 될 수 있었고, 지금의 우리로 되살아날 수 있다고 생각합니다.

대한민국의 민주화운동과 학생운동사에서 열사의 탄생과 호명은 정치적으로 작동합니다. 그래서 송광영은 그 시대의 역사를 정리할 때 절대 빠질 수 없는 사람입니다. 평화시장 노동자와 노동조합운동, 광주학살 책임자 처벌과 진상규명, 학원안정법의 저지를 위한 투쟁에 송광영이 있었습니다. 그래서 그 시대를 뜨겁게 살아간 사람들의 이야기를 하려면 '송광영'이라는 문을 먼저 열어볼 것을 제안합니다. 특히 그의 분신이 미친 파장은 그 시대를 읽는 거울입니다. 송광영은 광주의 이름으로 싸운 저항정신의 한 표상이자, 민주화운동을 이끌어간 시대의 깃발이었습니다. 그의 분신은 학원안정법의 폐지와 대학의 저항 문화가 본격적으로 시작되는 정점이었고, 그 과정에서 많은 사람들의 삶을 바꾸었습니다. 송광영의 분신 투쟁이 바꾼 사람 중에 대표적인 한 사람이 그의 어머니입니다. 어머니는 광영을 낳았지만 광영의 분신으로 민주투사 이오순이 되었습니다. 이오순의 투쟁은 가히 전설적이라 할 수 있습니다. 이오순은 늘 투쟁의 한가운데서 가장 큰 목소리로 뒤로 물러섬 없이 싸웠습니다. 연단에 선 그의 연설은 대중을 웃게 하고 울게도 하였으며, 가슴을 울렸습니다. 그는 최고의 투사였습니다.

우리는 이오순에게서 송광영을 봅니다. 송광영이 그와 똑 닮았습니다. 물불 안 가리고, 몸을 사리지 않는 실천을 하고, 계산하지 않는 순수한 투사 송광영이 이오순을 통해 투사되곤 하였습니다. 겉치레보다 진실이 중요했던 진짜 운동가, 진실의 조각은 비록 부족하지만 이오순과 송광영, 그 사이에서 요동치는 시대를 들여다보면 인간 송광영을 만나는 길에 한 걸음 다가갈 수 있지 않을까 생각합니다.

너무나 많은 열사의 시대를 거쳐 오늘을 맞았습니다. 이한열 열사 노제에서 문익환 목사는 26인의 열사를 목놓아 불렀습니다. 송광영의 이름이 그때 불리워졌습니다. 그 뒤로 수많은 사람들이 목숨을 잃었지만 몇 사람의 이름 외에 알려진 사람은 많지 않습니다. 알려짐의 여부와 관계없이 많은 이들이 죽은 자들을 가슴에 안고 뒤따랐습니다. 누가 가라고 하지 않은 길을 걸었습니다. 상처를 딛고 일어선 사람들입니다. 이들

개개인의 역사에 또 다른 송광영이 살고 있습니다. 열사의 이름이 사라지면 그들의 청춘이, 한 시대가 사라집니다. 우리는 서로를 기억하기 위해 이 작업을 시작하였습니다. 더 이상 지워지기 전에 기록할 수 있어서 얼마나 다행인지 모릅니다.

우리의 평전 작업은 세 가지 목표를 가지고 있습니다. 첫째 점점 사라져 가는 기억과 자료를 모으고 정리하는 것. 아주 단순하고도 명료한 목표입니다. 기억이 남은 사람들이 더 늙기 전에, 한때 추모비를 치우고 싶어 했던 대한민국과 대학이 또다시 열사의 죽음을 지우려 하기 전에, 우리가 더 흩어지기 전에 송광영의 시선으로, 어머니의 목소리로 남은 자료와 의미를 정리해서 세상에 내놓고 싶었습니다. 둘째 송광영의 횃불을 제대로 평가하는 것입니다. '사랑도 명예도 이름도 남김없이' 살아갔으나 그가 든 횃불이 너무 큽니다. 그가 목숨을 바쳤고 그 뒤를 이어 계속해서 싸움을 이어간 사람들이 함께 만든 불길입니다. 그 불길이 바꾼 것을 지켜야 합니다. 그래서 이 평전이 그들을 다시 모으고, 젊은 시절의 선택이 그럴 수밖에 없었음을 일러주는 계기가 되길 바랍니다. 세 번째 목표는 이 평전을 계기로 다시 그 사람들을 만나고 싶다는 것입니다. 이 글을 읽는 독자의 가슴 안에 살고 있는 뜨거운 청춘을 만나고, 각자의 공간에서 각자의 방식으로 살며 싸우는 서로를 만나게 되는 시간을 갖고 싶습니다. 앞으로 기념사업회가 이 일을 해나갈 수 있게 힘을 모아주시기 바랍니다.

송광영의 과거와 현재, 그리고 미래가 이 평전에 담겨 있기를 바라며 책을 구성했습니다. 많이 부족하지만 늦게라도 시작해서 다행입니다. 먼저 우리는 1985년 9월 17일로 돌아가 그날의 상황을 다시 지켜보게 됩니다. 그리고 청년 송광영에게 감정을 이입하여 세상의 부조리에 치열하게 고민했던 과정과 분신을 결정하기까지의 고뇌를 다룰 것입니다. 끊임없이 고뇌했던 한 사람을 만나고, 이어서 분신 후 학내 외에서 어떻게 분신의 의미를 살리려 하였고, 어떻게 송광영 열사를 추모해 왔는지 살펴보려고 합니다. 끝으로 송광영의 뒤를 이어 민주투사로 살다 가신 어머니 이오순에 대해 적고, 죽음의 방식으로 저항한 경원대학교 열사에 대해 간략히 언급함으로써 열사의 분신이 가져온 사회적 파장과 의미를 살펴보려 합니다. 기억이 많이 흐려진 탓에 더러 퍼즐이 맞지 않았지만 어머니의 수기와 민주화운동의 기록들, 사진들을 통해 빈틈을 조금이나마 메꾸고 조금은 진실에 다가갔다고 생각합니다.

지금도 신문 기사에는 매일 죽어가는 사람들의 이야기가 실리고, 산 사람은 죽은 자에게 빚진 마음으로 살아가고 있습니다. 오늘의 시대는 설명하기 어려울 정도로 복잡하고 미래의 불확실성은 여전히 우리를 옥죄입니다. 이럴 때는 과거가 새로운 지혜를 주기도 합니다. 한 개인은 한없이 부족하고 약한 존재이지만 그 개인들이 모여 치열하게 살아왔던 시대는 다르게 읽힐 수 있습니다. 시대의 재평가는 열사의 재평가이자, 열사 앞에서 울며 약속했던 우리들 개개인의 삶을 다시 돌아보는 일이기도 합니다.

열사의 유가족들과 민주화운동기념사업회, 경원대학교 83학번부터 더 아래 후배들까지 많은 이들이 다시 송광영을 밝히고 송광영의 뼈와 살을 붙이는 작업에 함께하였습니다. 우리는 그를 다시 호명하여 그의 과거와 미래를 들여다보고 우리의 오늘을 직시하고자 합니다.

불의에 저항하고, 차별에 분노하며, 착취와 억압, 무한경쟁의 굴레에 인간성을 말살하는 신자유주의 시대 모순을 참지 못하는 수많은 송광영들이 아직 존재함을 믿으며, 그들과 함께 이 책을 같이 읽고 싶습니다.

2022년 가을,
송광영 열사 평전 편찬위원회

송광영 열사 그리고
이오순 어머니를 그리워하며

그때는 그랬다.

생존이 전부였고, 정의가 전부였고, 투쟁이 전부였고, 진실에 목숨을 걸었다.

서양사람들이 까딱하면 칼을 빼 들고 격투하는 것을 이상하게 보면서도 우리도 일종의 신드롬을 앓고 있었다. 내 경우는 메시아콤플렉스라고 뒤늦게 이름하였다. 우리는 그 시대에 그런 진영논리에 젖어 마치 선구자인 듯 행복해하였다. 민중이 나이고 내가 민중의 화신으로서 정의와 평화를 지향했다. 통일의 당위성은 의심의 여지가 없었다. 학생, 노동자, 빈민은 민중으로 공권력에 분노하고 저항하는 것이 당연지사였던 것이다.

그러나 송광영이 횃불이 되어 경원대 운동장을 돌다가 쓰러지고 다시 일어나 걷다가 쓰러졌다는 말을 들었을 때 나는 망연자실하고 말았다.

그리고는 면목동 기독병원을 들락거리며 발을 동동거렸지만 그는 이 불편한 세상을 떠나고 말았다. 금촌공원묘지에 주섬주섬 묻었다. 시체를 탈취당하지 않는 것을 다행스럽게 생각할 때였다.

내가 처음으로 문익환 목사님과 계훈제 선생님을 모시고 광영이 어머니 이오순 님을 찾아간 기억이 선명하다. 삼선동 산길을 걸어 나무들을 지나서 그분의 초막집에서 어머니를 만났을 때 어머니의 표정을 잊을 수 없다. 아들을 부추겨 죽음으로 안내했을지도 모를 인사들을 맞아 분노를 터트릴 감정을 다잡으면서도 흐트러지지 않게 예우도 하려는 그분의 표정을 잊을 수 없다.

광영이는 갔으나 이오순 어머니가 투쟁현장에 나타났다. 나는 열사 어머니들 중에서 이오순 어머니만큼 연설을 잘한 분이 없다고 생각한다. 학생, 노동자, 여러 투쟁현장을 발이 닳도록 다니며 지원 연설을 하던 시절이었다. 어머니 연설은 적절하게 군말 없이 공감대와 여운을 남겼다. 간단하나 설득력이 있었던 것은 실천적 진정성이 있었기 때문일 것이다. 그리고 송광영의 큰형 한영, 둘째 형 선영, 그리고 누나인 영숙이 가열차게 싸워주어서 가슴이 시원하였다. 모두 편안하게 살았으면 좋겠다.

오늘의 역사는 지난날의 무게를 끌고 미래를 향하고 있다. 광주학살의 원흉인 군부독재와 이를 지탱하기 위한 악법 '학원안정법'에 맞서 온몸으로 항거, 분신한 송광영의 무게는 대한민국 민주주의 발전의 역사에서 결코 가볍지 않다. 민주주의의 과거와 현재, 진일보된 성장과 발전을 고민하는 모든 이에게 송광영 정신은 아직도 유의미하다. 이들과 함께 송광영 평전『1985 송광영』을 나누고 싶다.

마지막으로 송광영 열사를 추모하고 숭고한 정신계승을 위해 꾸준히 활동하고 본 평전 발간을 위해 노력을 해준 〈송광영·천세용 기념사업회〉와 관계자들의 헌신에 감사드린다.

주민교회 원로목사,
겨레살림공동체를 섬기는 이해학 모심

목차

1

1985년 9월 17일

그날따라 C동 건물이 유독 춥고 고
요하게 느껴졌다. 여름은 갈 듯 말 듯
물러가지 않았건만, 무슨 이유인지
태양을 가린 구름이 세상의 온기를
모두 가져가 버린 것 같았다. 오후 2
시 40분. 현관 앞에 한 남학생이 서
있었다. 그의 몸은 기름에 젖어 있었
고, 움켜쥔 주먹에는 잔뜩 힘이 들어
가 있었다.

1985년 9월 17일 오후 2시 40분

아침부터 쏟아지는 비는 좀처럼 그칠 줄을 몰랐다. 생긴 지 얼마 되지 않아 주변이 휑하고 생기 없는 잿빛 대학 캠퍼스였다. 그날따라 C동 건물이 유독 고요하게 느껴졌다. 여름은 갈 듯 말 듯 물러가지 않았건만, 무슨 이유인지 태양을 가린 구름이 세상의 온기를 모두 가져가 버린 것처럼 서늘했다. 8월의 무더위와는 확실히 대비되는 날씨였다.

오후 2시 40분. C동 현관 앞에 한 남학생이 서 있었다. 보통 키의, 큰 체격은 아니었으나 매우 강단 있게 생긴 외모였다. 그의 몸은 기름에 젖어 있었고, 움켜쥔 주먹에는 잔뜩 힘이 들어가 있었다. 모든 것을 버린 듯, 마치 다른 세계에 있는 것만 같았다. 얼마 전까지 허허 웃으며 교수들의 구두를 닦던 사람도, 학생들 앞에서 팔을 뻗으며 힘차게 구호를 외치던 사람도 보이지 않았다. 지하 서클실(동아리방)에 앉아 조용히 무언가를 적어 내려가던 그가 계단을 하나씩 밟으며 생각을 누르고, 결의를 다지고 마지막으로 건물 입구에 서 있었다. 묵직한 습기를 밀고 올라오는 강한 의지였다.

잠시 후 쏟아지는 빗줄기를 뚫고 우렁찬 구호가 들렸다. 강의실에서 수업을 받던 학생들이 그 소리를 들었다. 구호는 이내 작게 사라졌다. C

동(나중에 진리관으로 이름 바꿈, 주로 인문대가 수업을 함) 건물 앞에 서 있던 그 남학생이 운동장 쪽으로 뛰었다. 기름을 몸에 끼얹고 현관에 서 있을 그 잠깐의 순간에 그의 모습을 지켜본 사람은 없었다. 라이터로 불을 붙이는 장면도 마찬가지였다. 그러나 운동장 쪽으로 달려나갈 때는 그 모습이 눈에 띄었다. 이미 몸 전체로 불이 번지고 있었기 때문이다. 그가 달려가는 바람에 불에 붙은 옷 조각 일부가 먼저 운동장 한쪽 바닥에 떨어졌다. 그리고 그는 운동장 중앙에 멈추었다. 서 있었는지 이내 곧 쓰러졌는지 기억나지 않는다. 둥글게 불길이 차오르는 가운데 구호 소리만 운동장을 울리고 있을 뿐이었다. 하나의 횃불이 타오르는 듯했다.

"학원안정법 철폐하고 학원탄압 중지하라!"
"광주학살 책임지고 전두환은 물러가라!"

그리고 그는 쓰러지면서 운동장 바닥에 몸을 엎드렸다. 이를 본 학생 몇이 소리를 질렀고, 뒤이어 여기저기서 웅성거리는 소리가 났다. 건물 안에서 비명 소리를 들은 학생들이 놀라서 하나둘씩 밖으로 나왔다. 학생 신문사 기자는 무슨 일이 생겼음을 직감하고 급히 카메라를 들고 3층에서 뛰어 내려왔다. 연기가 오르고 있었다. 불길이 C동에서 시작하여 B동(당시 경원전문대 건물) 운동장을 향해 가다 약 30미터가량을 달리다 쓰러져 멈춘 흔적이 있었다. 기름을 머금은 불길은 쉽게 꺼지지 않았다. 타오르는 불길과 연기 사이로 한 남자의 목소리가 들렸다. 있는 힘껏 소리를 지르고 있었지만 온몸을 타들어 가는 화염의 고통이 그대로 느껴지는 외침이었다.

"학원안정법 철폐하라!"
"학원탄압 중지하라!"
"군부독재 물러가라!"

학생 몇이 불을 끄기 위하여 달려갔다. 교직원이 소화기를 들고 나타났다. 하얀 가루가 쏟아지고 쓰러진 그의 곁으로 놀란 학생들이 모여들었다. 겨우 불길이 잦아든 뒤에도 그는 힘겹게 일어나 구호를 한 번 더 외치더니 쓰러지고, 고통에 신음했다. 그러다 이내 다시 정신을 차려 모여든 학우들을 보았다. 아무 말도 하지 못하고 놀라서 바라보고 있는 학생들에게 그는 애국가를 불러달라고 청하였다. 애국가는 집회·시위에서 불리던 가장 장엄하고 결의에 찬 노래였기 때문이다.

서 있던 학생들은 누군가는 울고, 누군가는 무릎을 꿇은 채 어깨를 걸고 애국가를 불렀다. "동해 물과 백두산이 마르고 닳도록…" 애국가의 곡조가 서글펐다. 그의 마음이 느껴졌다. 고통 속에 엎드려 쓰러진 채 신음하던 그는 기절하지 않으려 온 힘을 다해 버티고 있었다.
그러면서 그는 "야, 뭐해. 싸워"라고 힘겹게 소리치기도 했다.

교문 쪽에서 구급차 올라오는 소리가 들렸다. 병원 구급차였다. 누군

1985 송광영

가 병원에 신고했고 불에 탄 그의 몸에 교련복이 하나 덮여 있었다. 구급차가 그를 차에 태우고 병원으로 출발하자 학생들은 스크럼을 짜고 그 뒤를 쫓아갔다. 쏟아지는 빗속을 뛰면서 구호를 외쳤다. '늙은 군인의 노래' '전진하는 새벽' 등의 노래가 젖은 운동장을 돌아 회색빛 건물들 사이로 울려 퍼졌다.

운동장에 쓰러진 송광영

누군가 교련복을 덮어 준 모습

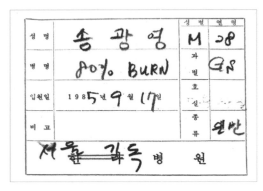

전신 80% 화상

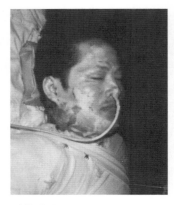

병원에서

　학교 바로 옆에 있던 성남병원에서 구급차가 도착한 시각은 2시 55분이었다. 그제야 학생들은 분신한 학생이 법학과 84학번 송광영이라는 것을 알게 되었다.

　1985년의 경원대학교는 1978년 개교한 전문대학교 2개 동(A, B동)과 1982년 3월에 개교한 단과대학 몇 개로 이루어진 신생 대학이었다. 주로 사용하는 건물은 C동 인문대학이었고 D동 경상대학 건물은 이제 막 올라오는 중이었다. 캠퍼스에는 2개의 큰 운동장이 있었다. 학생들은 운동장 계단에 앉아 시간을 보내거나 학교 뒷산인 진달래 동산에서 술을 먹거나, 혹은 지하 서클실 어딘가에서 책을 읽거나, 아니면 학교 근처 누군가의 자취방에 모여 있곤 했다.

　그날은 비가 왔기에 운동장과 계단에는 학생들이 별로 없었다. 아무도 비 오는 날의 무거운 공기를 뚫고 누군가 심장을 뒤흔들어 깨울 거라고 생각하지 못하였다.

1985년 당시 정국과 세상은 요지경이었다. 1980년 5·18 광주학살로 권력을 잡은 전두환 군사정권이 정국을 주도하며 장기집권을 획책하던 시절이었다. 그들은 대한민국의 발전 방향을 국민과 합의하고 권력을 나누는 민주주의에 전혀 관심이 없었다. 4·19 혁명의 경험과 지식인의 성장, 문화의 확산은 국민의 의식을 성장시키고 있었지만 반대로 냉전체제와 극심한 반공주의가 이들의 반대를 억누르는데 무척 유용하게 작동하였다. 정권의 출발이 불안정하였기에 국민이 정치나 정권에 관심을 갖지 않을수록 유리하였다. 그래서 국민의 관심을 외부로 돌리고 반대파에 대한 여론을 장악하기 위한 각종 우민화 정책이 활발하게 시행되었다. 이때 부흥한 3S 산업이 대표적인 우민화 정책이다. 영화(screen), 스포츠(sports), 성(sex)의 앞글자 S를 딴 3S 정책은 국민들을 정치로부터 멀어지게함과 동시에 엄청난 시장의 성장을 가져왔다.

지역을 연고로 하는 프로야구가 이때 처음 시작되었고, 성인영화와 비디오 산업이 등장했으며 유흥산업과 성 산업이 크게 발전했다. 영상은 현란해졌다. 극장가에서는 '고래사냥', '인간시장', '깊고 푸른 밤'과 같은 한국 영화와 '고스트 바스터즈', '킬링필드', '인디아나 존스' 등의 외국 영화가 인기를 끌었다. 1982년부터 시작한 프로야구는 그야말로 사람들의 이성을 마비시킬 정도로 폭발적인 인기를 끌었다. 연고 지역을 응원하는 가운데 지역주의는 더 확고해졌고 이를 정치적으로 이용하기 쉬운 상황이 조성되었다.

겉으로 보면 자유와 개방의 물결이 넘쳐 흐르며 누구에게나 기회가 주어지는 것 같았지만 안으로 들여다보면 빈익빈 부익부 구조가 형성되고 지역별 편중과 양극화가 시작되고 있었다. 도시로 인구가 집중되며 인구 집중에 따른 도시 철거민 문제 등 각종 사회 문제가 발생하였고, 농촌이 피폐화되는 가운데 온갖 구조적 문제가 표면으로 드러나지 못한 채 안에서 곪고 있었다. 도시화가 급격히 진행되어 서울 지하철 3~4호선과 동호대교, 동작대교가 개통되었다. 5월에는 한강의 기적을 상징하는 63빌딩이 여의도 한복판에 우뚝 세워져 위용을 자랑하였는데, 이러한 상징적인 변화들이 국민을 몰아세우며 더 많은 노동자가, 더 빨리 움직이게 하는 채찍이 되었다. 86년 아시안게임 개최, 88년 올림픽 개최와 같은 구호도 이때 등장하였다.

전두환과 신군부 세력은 철저한 두 얼굴의 통치 전술을 펼쳤다. 겉으로는 민주와 정의, 번영을 외치며 정당 정치의 법질서를 지키는 듯하였으나 뒤로는 장기집권을 목표로 온갖 폭력과 협박 속에 양심인사와 야당 인사들을 구속·구금하며 권력을 휘두르고 국민을 통제하였다. 겉으로 드러난 자유화의 흐름은 유신의 잔재를 감추는 한편 노동자와 민중의 희생을 당연한 것으로 받아들이게 만들었다. 전쟁 이후 더욱 깊어진 뿌리 깊은 폭력이 백주대낮에도 난무하였다. 아무 때나 원하면 검문 검색과 연행을 할 수 있었고, 노동자와 농민, 학생, 그리고 양심적 종교인과 언론인들에 대한 탄압이 분단을 이유로 쉽게 명분을 얻고 합리화되었다. 고문과 인권유린을 아무렇지 않게 자행하고 거짓 간첩단과 각종 조직 사건을 만들어서 사람들의 입과 손발을 얼어붙게 하였다. 군사 쿠데타로 출발한 독재 권력은 무력을 사용하지 않고 통솔력을 발휘하기 어렵기 때문이다.

그러나 국민은 그렇게 어리석지 않았다. 폭력에 잔뜩 움츠리고 화려한 영상에 눈과 마음을 빼앗겼지만 그해 2월 국회의원 총선거에서 야당인 신민당에 대거 투표함으로써 신군부가 유일한 지배세력이 아님을 표출했다. 신군부 정권은 이러한 흐름을 수용하고 받아들일 수 없었다. 박정희 유신체제의 통치 방식과 독재의 단맛을 누구보다 잘 알고 있었기 때문이다.

양심적 지식인들은 울분에 가득 차 현실을 개탄했다. 이들은 주로 4·19 혁명을 겪은 세대이자 전쟁 후 뜨거운 교육열로 성장한 지식인들이었다. 그들은 두려움 속에서도 저항을 표출했다. 학생들은 학내·외에서 시위하고 노동자들은 공장에서 파업과 농성으로 저항하기 시작했다. 저항의 한복판에 있던 1980년 광주민중항쟁은 이 열기에 결정적 계기를 더 했다. 군사정권은 이 열기를 식히기 위해 상징적 응징 과정이 필요했다. 결국 무고한 광주시민들이 희생되었고 정치적인 반대의 목소리가 잠시 폭력 앞에 무릎을 꿇기도 하였다. 그러나 진실은 그보다 더 힘이 세다. 그들의 은폐 시도에도 불구하고 암암리에 진실은 퍼져 나갔고 양심적인 사람들의 가슴에 분노의 불을 붙였다. 구속과 강제입대, 해고의 위협에 맞서 젊은 청년과 학생 노동자 몇몇은 광주학살의 진실과 노동현장의 부조리를 고발하는 일에 용감하게 나섰다. 많은 학생들이 이 시기에 노동현장에 투신했으며 동시에 해고되고 구속되어 고문을 당했다. 스스로 목숨을 바쳐 폭로한 이들도 있었다. 바로 김종태와 박종만, 김의기, 홍기일 등이었다.

목을 조여오는 폭압, 그리고 그에 못지않게 차오르는 분노가 팽팽하게 대립하던 시절이었다. 조금만 더 힘을 모아 밀어내면 둑을 무너뜨릴 수 있을 것만 같은 긴장의 기류가 온 나라에 흘렀다. 그리고 1984년부터 두꺼운 얼음 같던 억압을 뚫고 자유의 목소리가 흘러나왔다. 전국적인 조직들이 결성되고 노동자의 파업과 빈민들의 투쟁, 그리고 학생들의 움직임이 시작되었다.

대학 또한 학교 안에 군대를 둔 학도호국단 체제를 학생들의 선거로 구성하는 총학생회 체제로 바꾸는 등 변화의 바람을 피할 수 없었으며, 입학 자유화로 학생 정원이 늘어나면서 의식이 깨어난 학생의 숫자 또한 함께 늘어나고 있었다. 민중의 삶에 책임을 져야 하는 지식인으로서 그들은 정의와 양심의 목소리에 행동으로 호응하기 시작하였다. 1985년에는 전국학생총연합(전학련)이 결성되었고 그 산하에 민족통일, 민주쟁취, 민중해방위원회(삼민투)가 설치되었다. 명칭에서 볼 수 있듯 이들의 주장은 통일과 민주주의, 민중 해방에 있고, 자신의 삶을 민중의 고통을 해소하는 운동에 내던지는 것을 지식인의 당연한 책무로 여기던 시절이었다. 80년 광주항쟁에 대한 미국의 태도를 보며 반미의식이 막 깨어나고 남북통일의 목소리를 내기 시작한 것도 이 무렵이다.

1985년은 바로 이러한 시대적 흐름의 한가운데를 관통하는 가장 뜨거운 시기였다. 1학기는 서울 미국 문화원 점거 농성을 비롯한 대학생들의 반독재 시위가 끊이지 않았다. 전두환 정권은 녹화 사업이라는 이름으로 운동권 남학생을 강제 징집하거나, 학생들을 강제 퇴학시키고 구속하였지만 학생들의 시위는 잦아들지 않았다. 그들은 고심 끝에 7월, 마침내 학원안정법이라는 칼을 꺼냈다. 그리고 학생들이 흩어진 여름방학을 틈타 여론을 만들어 학원안정법 제정을 밀어붙이려 했다. 그러나 당시 야당인 신민당과 재야세력, 일부 국민들은 이 법이 악법인 것을 알았다. 그들은 다시 또 저항에 부딪혔고 8월 강행 계획을 바꿔 9월 국회에서 처리하는 것으로 방향을 전환하였다.

이 무렵 경원대학교는 소위 서울 중심의 학생운동 흐름보다는 조금 뒤늦게 움직이는 학교 중 하나였다. 자발적인 학생운동 씨앗이 막 자리 잡을 때라 공개적인 운동 조직인 총학생회나 비공개적인 운동 조직을 중심으로 움직이는 단일한 대오는 없었던 것으로 보인다. 그러나 1985년은 몇 개 학과가 신설되어 캠퍼스를 오가는 학생 숫자가 늘었고 각종 서클과 학습 모임이 생겨나며 학생들의 활동이 활발해지고 있었다. 그리고 이 무렵부터 의식 있는 일부 학생들이 80년 광주민중항쟁의 진실을 조심스럽게 주위에 알리고, 고난받는 노동자의 현실, 농촌과 도시 철거민의 문제 등 민중의 생존에 관심을 갖고 전두환 정권의 반민주성을 폭로하는 팸플릿과 자료, 책 등을 가져와 학교에 뿌리기도 하였다.

또 학생의 권리와 의무에 눈을 떠 부실한 사학 재단과 대학 환경을 개선하기 위해 목소리를 낸 학생들이 등장하기 시작하였다. 이들은 어용 무능 교수 문제를 지적하고, 부실한 학교시설의 개선을 재단과 대학에 요구하는 등 학내 문제를 지적하며 목소리를 내었다.

경원대학교 역시 예외는 아니었다. 비록 다수의 조직된 대오는 아니었어도 4·19혁명 기념일과 5·18광주민중항쟁 기념일 등에 학생들을 모으고 마라톤 대회와 학내외 선전전을 펼쳤다. 집회장은 뜨거운 성토장이 되고, 뒤이어 교문 밖 진출을 하면서 이를 저지하는 전투 경찰과 싸우는 투석전으로 번지기도 하였다. 가두시위는 교통을 방해하는 대신 시위의 이유를 시민에게 알리고 여론을 움직이는 주요한 방법이었다.

뜨겁던 1학기를 보내고 어느덧 6월 기말고사를 끝으로 긴 여름방학이 시작되었다. 저항의 에너지는 뜨거운 불볕더위에 잠잠한 듯 보였으나 실은 보이지 않는 곳에서 소리소문없이 들끓고 있었다. 7월 26일 학원안정법 제정 시도가 언론에 보도된 뒤로는 긴장감이 더욱 커졌고 학생들의 움직임을 예의 주시하는 경찰의 움직임도 빨라졌다. 학교에 남아 있는 학생들도 꽤 되었기 때문에 여름방학은 강의실이 아닌 기타 여러 곳에서 학생들끼리 서로 끈끈하게 연결되는 시간이 되곤 하였다. 서클에서는 여름방학 MT를 가고, 총학생회 주도로 진행하는 농활은 보다 활발하게 이야기를 나누고 생각을 교류하기 좋은 시간이었다.

그러나 사실 더 많은 대다수의 학생들은 등록금을 벌기 위해 일하거나, 고향으로 내려가 흩어졌기에 논의가 전체 학생들까지 퍼지기엔 어려움이 있었다. 학원안정법이 여름방학을 틈타 교묘히 추진된 이유도 이러한 이유 때문이다.

1985년 여름방학은 이렇게 2학기가 개강할 때까지 학원안정법이라는 불안한 변수를 안고 학생들을 술렁이게 하였다. 그중 한 사람 송광영은 어쩌면 인생에서 가장 뜨거웠을 여름방학을 보낸 후에 9월 17일 화요일 집회를 기다리고 있었다.

그는 2학기가 시작되면 바로 학원안정법 저지 투쟁을 하기로 결심한 듯하다. 학원안정법은 전국의 대학생을 옭아매고 학생운동과 활동을 위축시키는 엄청난 악법이었기에 서둘러 저지하지 않으면 모든 학생들의 활동이 중단될 상황이었다. 9월 17일 공식적으로 총학생회 주도의 총회가 공지되었다. 표면적인 총회 안건은 ▷총학생회 회칙 통과 ▷학생회관, 도서관, 체육관 건립 시기 및 규모 ▷조경공사 및 상징탑 건립계획 ▷운동부 창설 ▷교수의 질적 양적 확충 ▷교무행정의 일관성 ▷편입생 문제 등이었으나 사실 학생들을 모아야 할 가장 중요한 현안은 '학원안정법'

의 심각한 위법성에 대해 토론하고 저지하는 일이었다. 당시 학내외 경찰이 상주하고 있었기에 공개적인 집회는 보통 이런 식으로 알려지곤 하였다. 학생총회의 명분으로 학생들을 모으고, 의식이 있는 학생들이 밤새 생각을 정리하여 대자보를 작성해 곳곳에 게시한다. 혹은 등사기로 유인물을 만들어 학내에 뿌리고, 학우들의 동의가 형성되면 대열을 형성해 전경과 맞서 싸우는 방식이었다. 이때의 감정이나 전투의 양상은 매우 진지하였기 때문에 당사자들은 마치 전쟁과 다름없다고 생각하고 임하였다. 거리는 공개적으로 싸움을 전개하는 장소였으며, 이를 위하여 차도를 막고 집회를 진행하여 자신의 구호를 외부에 알리는 일이 중요했다. 전투 경찰 역시 이들의 세력이 시민 혹은 타 학생들과 규합하지 못하도록 저지하는 것을 목표로 신속하게 집결하였다. 그들은 곤봉과 쇠파이프, 최루탄으로 학생들을 흩어놓았으며 때로는 직접 물리적인 폭력을 가해 학생들을 때리고 잡아가기도 하였다. 그래서 이를 예상한 학생 쪽에서는 돌과 각목을 들었고 화염병을 던졌다. 차도가 막히면 일반 국민들은 관심을 가졌고 여론을 형성할 수 있었다. 이러한 집회·시위의 방식은 90년대 후반까지도 계속되었는데, 1985년 정국은 학원안정법 이슈까지 있어서 계엄령을 내리고 학내에 군대를 투입하던 1980년~1981년의 상황과 비슷했다고 해도 과언이 아니었다.

2학기 개학과 동시에 이미 여러 대학에서 반대 시위가 일어났고, 9월 17일에도 여러 학교에서 이와 같은 집회·시위가 예정되어 있었다.

그런데 아침부터 비가 내리는 바람에 집회는 연기되었다. 보통 집회는 오전 10시쯤 열리곤 하였으니 사전에 집회 공지가 되었을 것이고, 아침부터 비가 내려 당연히 집회는 무산되고 만 것이다. 그러나 상황의 심각성을 알고 있던 학생들은 서클실에 모였고 이후 대응을 두고 격렬한 토론을 벌이기도 하였다. 아마도 비가 와도 집회를 하자고 주장하는 사람들이 있었던 것 같으며, 그중에 송광영이 있었다고 한다. 그렇게 오전 시간이 흐르면서 학생들은 하나둘씩 흩어졌고, 송광영은 한쪽에서 말없이 무언가를 적으며 서클실에 남아 있었다고 한다.

그리고 얼마 뒤, 송광영은 말없이 자리에서 일어난다. 그가 어쩌면 여름방학 내내 머릿속에 그려왔고 결심한 순간이었다. 여러 번 그의 머리에 오늘의 상황이 그려졌다. 8월 15일 홍기일의 분신 후 크게 요동쳤던 마음이었고, 2학기 등록을 포기하면서 굳어진 결심이었다. 그의 주위로 미묘한 기류가 흘렀으나 아무도 뒤에 벌어질 일을 상상하지 못하였다.

송광영은 이날을 끝이 아닌 시작의 날로 삼았던 것 같다. 그는 홀로 조용히 지하 서클실에서 나왔고 누군가에게 라이터를 빌렸다. 이후 지상으로 올라와 온몸에 기름을 붓고 라이터에 불을 붙여 운동장으로 달리기까지 그리 오랜 시간이 걸리지 않았다.

이날 그를 처음부터 끝까지 지켜본 이가 없었기 때문에 증언이 조금씩 엇갈린다. 특히 불확실한 것은 그가 '양심선언'과 유서가 된 '경원투사들에게' 두 종류의 글을 썼던 시점과 장소이다. 경원대학보사 학생이 경원대신문에 기사를 싣기 위하여 작성한 글에 의하면 9월 17일 이전부터 그가 검은 상복에 검은 넥타이를 매고 다니는 모습을 본 학생들이 있었다. 그리고 8월 말에 어머니에게 보낸 편지에는 운동에 투신하겠다는 의지가 담겨 있다. 즉, 송광영은 8월부터 9월 사이에 운동에 투신할 결심을 보다 확고히 굳힌 상태에서 분신까지 결심하였을 것이라는 주장이다. 일부 기록은 그가 그날 동아리방에서 글을 쓰고 있었으며 분신의 결심은 이전부터 하였더라도 그날 하나씩 실행에 옮긴 게 아닐까 하고 추측한다. 어느 쪽이든 송광영의 분신은 즉자적인 울분에 의해서가 아니라 사전에 준비하고 오래 생각했던 일로 보여진다.

여름방학 때 송광영은 투사의 삶과 개인의 삶 사이에서 크게 방황하고 고민하는 모습을 보였다. 농활 기간과 친한 선후배와 다녀온 지리산 여행에서 특별한 행적이나 큰 변화는 느껴지지 않는다. 다만 이후 스님이 되겠다며 송광사라는 사찰로 얼마간 여행을 다녀온 일이 다소 의외로 여겨지고 있다. 또 2학기 등록을 안 하려고 했던 것 같다는 추측이 있는 것으로 보아 1학기에 이어 그는 대부분의 시간을 개인의 일신을 고민하기보다 사회적 저항을 어떻게 전개할지에 더 많은 시간을 보냈고 또 그만큼 많은 시도와 실천의 연장으로 여름방학을 보낸 것 같다.

그리고 그해 여름방학에 그는 깊은 외로움과 고뇌의 시간을 가졌던 것으로 보인다. 그 역시 한 인간이기에 결심을 실행하기 전 많은 고민이 있었을 것이다. 그는 당시 상황을 매우 절박하게 보고 있었다. 특히 그는 민중이 느끼는 시대의 아픔을 온 마음으로 느끼고 공감하는 사람으로 자랐다. 학원안정법 제정 시도는 거의 군사정부의 최후의 발악이나 마찬가지였다. 80년 광주가 보여준 교훈은 죽을 힘을 다해 싸우지 않으면 결코 멈출 수 없다는 절박함으로 이어지기에 충분하였다.

광영의 깊은 고통은 그 자신이 아니라 이 법으로 인해 고통받을 다른 학우들에 대한 연민으로 이어졌다. 어쩌면 그의 마음은 그보다 더 훨씬 이전에 광주에서 계엄군의 총칼에 짓밟힌 또래들의 죽음에 다가가 있었을지 모른다. 또는 그가 느끼는 깊은 고통은 청소년 시절에 공장에서 보았던 노동자가 느끼는 고통이나 어머니가 평생 겪고 있는 가난을 온몸으로 느껴온 뿌리 깊은 경험에서 비롯된 것인지도 모른다. 그는 직감적으로 알고 있었다. 싸워서 없애지 않으면 이 고통의 원인은 사라지지 않을뿐더러 더 강하게 압박해 올 것이라는 사실을. 특히 학원안정법이 제정되면 겨우 길을 찾아가고 있는 학내 민주화와 학생들의 저항은 다시 군홧발에 밟히고 쓰러질 것이 너무나 자명한 상황이었다.

정권은 젊은이들을 제 마음대로 길들여 세상으로 내보낼 것이고, 대학교는 등록금을 내고 졸업장을 취득하는 곳이 되고 말 것이다. 대학교를 재단이 경영하는 한낱 기업으로 만들어간들 누구 하나 목소리 높여 반대하지 못할 것이다. 민중을 위해 고민하고 같이 아파할 가장 큰 지성인 집단이 학생들인데, 이들이 힘을 잃으면 세상의 변화는 기대하기 어렵다. 아직 시간이 있을 때, 실행해야 한다. 문제의식을 느끼고 함께 고민하고 분노하고 저항하려는 학우들, 그리고 저항세력을 일깨워야 한다. 광영은 고통을 끌어안고 홀로 십자가를 짊어지는 한 사람이 되기로 하였다. 자신의 희생으로 고통을 멈출 수 있기를, 더 큰 희생을 막을 수 있기를 그는 바랐다. 그는 단단해 보이는 저 벽을 힘겹게 홀로 넘어서는 담쟁이가 아니라 아예 벽을 밀어 없애는 사람이 되고 싶었다. 벽 양쪽에서 서로 미는 힘이 그 어느 때보다 강한 지금, 누군가 주먹을 내리쳐 구멍을 낸다면. 벽을 무너뜨리는 일이 가능할지 모른다고 생각했을 것이다. 그렇게 송광영은 1985년 9월 17일, 어두운 C동 지하에서 두 주먹을 불끈 쥐고 뚜벅뚜벅 지상으로 올라왔다. 스스로 불을 붙여 횃불이 되기 위하여 마음이 시키는 곳으로 발걸음을 돌리고, 마침내 오래 생각해둔 그 일을 실행에 옮긴 것이다.

경원대학신문사 분신기사

1985 송광영

양심 선언

삼천 경원학우, 백만 학도 그리고 민주화를 열망하는
모든 민중들이여!

지금 군부독재는 분단 40년 역사의 질곡에서 민중의
생존권과 피 쏟아지는 자유의 외침을 외면한채 오직
자신들의 권력에만 집착하여 또다시 역사의 수레바퀴를
거꾸로 돌리려 하고 있다.
500억불이 넘는 외채를 짊어지고 온갖 수입상품의
개방정책으로 농가는 파탄에 빠지고 노동자들의 허리는
갈수록 조여들건만 현 군부독재정권은 이러한 민중의
도탄을 구지인채 오직 총칼로만 권력에의 복종을 강요
하고 있다. 더불어 정권은 민중의 삶만을 외면하고
있는 것이 아니라 민족의 자주성마저도 양키와
쪽바리들에게 팔아먹고자 혈안이 되어 스스로 그들에게
군사적으로 종속당하고자 음모를 꾸미고 있는 것이다.
정녕 우리 민족이 아직도 외세에 의해 지배당하고 그리고
소수 독재정권에 의해 우리의 국체성이 말살되어 감에
나는 똑똑히 내가 태어난 이땅을 사랑하는 피끓는
젊음을 가지고 방관하고만 있을 수는 없다는 것을 안다.
때문에 나는 현 독재정권이 타도되어야 한다고
믿으며 그리고 전 민중이 자유롭게 형성되는 여론에
따라 우리의 국체성을 확립하고 우리의 자주성을
세계 만방에 고함으로서만 우리의 해방은 이루어질수
있다고 믿는다. 이러한 믿음과 조국에 대한 끝없는
사랑으로 나는 최후의 순간까지 독재정권에 몸치서지
않고 항거할 것이며 이러한 투쟁이 전 민중에게도
확산되기를 간절히 바라마지 않는 바이다.
이러한 우리의 결연한 의지는 견고 독재정권이 총칼

자필 양심선언문 1

Date

이나 학원 안정법 따위의 악법으로도 목숨을
강요할수 없음을 나는 안다.
이 땅의 민주와 자주 독립국가로서의 해방과,
민중의 인간다운 삶을 위해 자신을 내던진 투사
들의 희생정신에 다시 한번 고개숙여 경의를
표하는 바이며 마지막으로 나는 현 정권에
대해 엄중히 경고하는 바이다.

一. 광주학살 책임지고 전두환은 물러가라!
一. 학원 악법 철폐하고 독재정권 물러가라!

1985. 9. 17 火
宋 光永

자필 양심선언문 2

숨 가쁜 하루, 연행된 학생들

송광영의 분신이 시작되는 장면을 직접 목격한 학생은 많지 않았다. 그러나 고통 속에 외치는 그의 목소리는 여러 학생들에게 선명한 기억으로 남았다. 광영의 외침은 주위 학생들에게 같은 아픔으로 깊게 스며들었다. 고통이 고스란히 느껴지는 그 장면은 너무나 많은 사람들에게 충격을 주었다. 이는 단지 몸이 불에 붙은 고통이 아니었다. 광영이 느낀 감정들, 절박함과 분노, 세상을 바꾸고자 하는 순수한 열망을 이미 다수의 학생들이 내심 속으로 느끼고 있었기 때문이다. 그러나 모두가 주저하고 있을 때 광영은 행동으로 옮겼다.

누군가의 죽음을, 분신을 목격한 충격이 얼마나 컸을까. 그러나 그의 죽음을 목격한 학생들은 눈물을 훔치며 슬퍼할 겨를이 없었다. 차마 상상도 못 한 일이었다. 놀라고 당황하면서도 한편으로는 그의 비장한 결심에 마음속에 꾹꾹 눌러온 울분이 폭발하는 것을 느꼈다. 힘겹게 봉인하고 있던 둑에 금이 가고, 터져 나오는 감정에 그대로 몸을 맡겼다. 왜 이런 세상이 되었는가. 목숨을 걸고 싸웠던 사람들, 광주시민들의 한이, 민중의 생존권을 지키고자 하는 외침들이, 집회장에서 외치던 구호들이, 경찰서에 잡혀가서 받았던 모멸과 폭력이 모두의 가슴을 뚫고 솟구쳤다. 이대로는 안 된다고 생각하고는 있었지만 두려움에 움츠러들고 마음껏 큰 소리로 외쳐보지 못하고 수군거렸던 생각들을 광영이 한순간에 뜨거운 불길과 구호로 일깨운 것이다.

시위는 곧 목숨을 걸고 하는 반역이었다. 시위를 하면 구속되고 머리채를 붙잡히고, 경찰과 가족으로부터 비인간적인 대접까지 감수해야 한다. 당시에 이 사실을 가볍게 받아들이는 사람은 없었다. 그러기에 대부분의 사람들은 목숨을 걸고 싸우는 사람들을 존경하면서도 내심 편안하고 행복하게 살고 싶은 개인의 욕망 사이에서 흔들리곤 하였다. 어떤 이는 아무것도 하지 않는, 할 수 없는 모습에 아파하며 양심에 끝없는 가책을 느꼈다. 그들은 무고하게 사망한 광주시민과 훨씬 더 앞서 목숨을 걸고 분신한 전태일 동지에 대한 부채 의식을 가지고 있었다. 할 수 있는 힘을 모두 끌어내 하루하루 싸웠지만 스스로 충분하지 않음을 알고 있었다. 모든 것을 내던지고 움직이는 일은, 그렇게 간단한 일이 아니었다. 그런데 광영이 먼저, 누구도 염두에 두지 못한 실천에 온몸을 던진 것이다.

죽음의 충격은 직접 경험하지 않은 사람은 상상하기 힘든 일이다. 대학생 중에서 저항의 의미로 투신하거나 할복한 사람은 있었지만 그건 전해지는 이야기였고, 그들 중 누구도 직접 목격하지는 못하였다. 평화시장 노동자 전태일의 분신 역시 글로 접하며 막연히 상상을 하였지, 과거의 일이 돼버린 지 꽤 시간이 흘렀을 때였다. 광주에서 시민군이 직접 총을 들고 맞서 싸웠다는 이야기 또한 이야기로만 전해져 있을 뿐 그들이 아는 전쟁은 얻어맞는 일과 맞지 않기 위해 돌을 던지는 일에 멈춰져 있었다. 대학생 중에서 분신한 사람은 송광영이 전국 최초였다. 아무도 가지 않은 길을 선택한 광영 앞에서 누구도 소리 내어 먼저 울 수 없었다. 학생들은 울분과 저항의 외침에 함께 나서서 싸우고 구호를 외치는 것만이 큰 슬픔을 딛고 일어서는 길이라 생각하였다.

분신을 목격한 사람, 검은 연기를 본 사람, 또는 이미 환자를 태우고 달려가는 구급차의 사이렌 소리만 들은 사람들까지 집단적으로 받은 충격은 매우 컸을 것이다. 그러나 당시에는 그 충격에 대해 이야기하거나 각자의 상처와 슬픔을 어루만지는 사회적 분위기가 아니었다. 이날 이후 이들은 자신을 돌보지 못한 상태에서 격렬한 감정의 소용돌이를 겪으며 너무나 많은 일을 겪어야 했다. 송광영의 분신 이후 다양한 목격담이 나오지 못하는 이유 중 하나는 바로 이 점 때문이다. 그들의 상처가 아직 채 낫지 않았기 때문이다. 송광영의 분신에 대한 재조명 못지않게 그들의 상처와 삶 역시 제대로 평가받고 조명될 필요가 있다.

비가 내리는 운동장에 남은 화염의 흔적을 보며 학생들은 눈물을 꾹꾹 눌러 참았다. 평소 잘 알지 못한 사람도 그가 느꼈을 고통에 함께 아파하였다. 친구를 잃은 사람은 오죽하였을까. 그러나 학생들은 슬퍼하는 일조차 사치라고 생각했다. 그들은 사태를 파악하고 송광영의 분신의 의지와 뜻을 지키기 위해 분주하게 움직였다. 일부는 구급차가 가는 학교 옆 성남병원으로 뒤따라 갔고, 일부는 학내에 남아 학우들에게 분신을 알리고 스크럼을 짜고 구호를 외쳤다. 또 일부 학생은 성남 주민교회 김해성 전도사를 찾아가 상황을 전했다. 일관된 조직은 없었지만 급한 대로 책임감 강한 몇몇이 나서며 상황을 수습하고 각자가 할 일을 찾아서 하는 상황이었다.

이날부터 학교 안 여러 그룹들이 송광영의 사망과 훗날 정신계승을 위한 추모에 이르기까지 각자의 방식으로 활동을 이어나갔다. 이들은 C동 서클실을 중심으로 운동 조직을 이끌던 학생들과 총학생회를 중심으로 모인 학생들, 그리고 법학과를 포함해 송광영과 친분이 있던 58년생 동기 예비역들과 후배들이다. 이들은 때로는 주요 인물이 되었고, 때로는 주변에서 9월 17일과 사망 이후의 싸움, 해마다 계속되는 추모제를 통한 정신계승 집회에 참여하였다. 그러나 서로의 연결고리는 약했고 보안을 이유로 충분히 정보를 공유하지 못한 상황에서 때론 결과를 두고 서로 질타하고, 때론 그 외의 정치적인 이유로 그때의 학생들은 뿔뿔이 흩어지게 된다.

송광영의 분신에 경원대학교 학교 측과 성남경찰서는 크게 당황하였다. 경원대학교 학생운동이 이 정도일 거라 생각하지 못했기 때문이다. 그들도 9월 17일 집회가 예정되었다가 무산된 것은 학내의 여러 정보망을 통해 알고 있었다. 정보망을 가동해 운동권 학생들을 예의주시해 오던 그들이었다. 그러나 그들은 툭하면 서울대학교 등과 비교하는 말로 경원대학교 학생을 무시했다. "데모도 똑똑한 애들이 하는 거야" 하는 말들을 아무렇지 않게 하였는데 이 말에는 대학의 서열화를 포함하여 당시 시대가 학생운동을 바라보는 시각이 어땠는지가 그대로 담겨 있다.

광영의 분신은 자살 사건으로라도 신문에 보도되었을 법하건만, 주요 신문에는 단 한 줄도 보도되지 않았다. 그러나 향후 성남지역 노동자들의 연대 투쟁과 전국적인 분신구명 활동에 의하여 점진적으로 파장을 일으켰다. 이는 군사정권이 예상하지 못한 원동력과 상징성이 광영의 분신에 있었기 때문으로 보인다. 송광영의 분신은 학원안정법의 제정을 막는 데 힘이 되었으며, 광주학살의 진상을 드러내는 매개가 되었다. 또한 이를 계기로 막 집결하기 시작한 전국의 학생조직, 종교단체, 재야 등이 더욱 속도를 내서 움직이는 계기가 되었다. 송광영의 분신과 이후 투쟁 과정에서 유가족의 상징성 또한 크게 부각되었다. 자식을 잃은 유가족들은 이후 물불을 가리지 않고 싸움에 나섰다. 군부정권은 출발부터 정당성이 없었기 때문에 늘 존폐 압박에 시달렸다. 그래서 그들은 이후 적극적으로 경원대학교 학생들을 분열시키고, 재야단체와 학생을 분리하고, 병원에 있는 송광영과 유가족을 민주화 세력으로부터 차단하는 데 총력을 다하는 모습을 보인다. 이에 반해 학교는 명확한 입장 없이 경찰과 학생들의 눈치를 보며 잔뜩 움츠릴 뿐이었다. 학교 측은 나중에 병원비를 부담하는 방식으로 한발 물러섰지만 이후 계속되는 추모의 과정에서 오락가락하는 모습을 보여주었다.

광영은 서울대병원에서 면목동 기독병원으로 옮겨졌다. 그리고 즉각 전경들이 외부 접촉을 차단하였지만 소식을 듣고 병원으로 뒤따라간 김해성 전도사가 이해학 목사에게 상황을 전하고, 민통련 등 재야단체로 소식이 전해지면서 조금씩 외부에 알려지기 시작하였다.

송광영은 전신 80프로 2~3도의 화상으로 타들어 가는 고통에 신음하면서도 주장을 굽히지 않았다. 두 번의 구호와 '양심선언' 그리고 '경원 투사들에게'란 글에서 보였듯 그의 주장은 학원안정법 철폐와 광주학살의 책임자 전두환 군부독재 타도였다. 성남병원 구급차가 광영을 태우고 떠난 후, 운동장에 남은 학생들이 집회를 계속 이어가며 이 구호를 이어받았다.

김해성 목사(당시 전도사)는 그때의 상황을 다음과 같이 증언한다.
"제가 성남에 온 지 한 5년쯤 됐을 때였죠. 85년 9월 17일 오후 3시쯤 어떤 경원대학교 학생 2명이 저를 찾아왔어요. 훌쩍훌쩍 울면서 지금 한 학형이 분신을 했다. 그리고 지금 병원으로 실려 갔다. 그런 이야기를 하더라고요. 그런데 그 이야기를 듣고서 저도 하여튼 까마득한, 그 아득함을 느끼면서 다시금 몇 가지 확인을 했죠. 왜 그랬는지 또 지금 어디 병원으로 갔는지를 확인하던 중에 녹음기를 얼른 챙겨 들고, 그다음에 카메라를 들고 택시를 타고 성남병원 응급실로 갔죠.

응급실에 갔더니 거기에서 서울로, 서울대학병원으로 갔다고 그러더라고요. 그래서 다시 택시를 또 잡아타고 서울대학병원, 서울로 내 달렸지요. 병원에 들어갔더니 응급치료를 마치고 몸을 붕대로 감고 있더라고요. 그래서 제 소개를 하고 녹음기를 들이댔더니 눈을 번쩍 뜨면서 녹음기에 뚜렷한 목소리로 '학원안정법 철폐하고 독재정권 물러가라, 광주학살 책임지고 전두환은 물러가라' 두 구절을 외쳤습니다. 그래서 사진을 몇 장 얼른 찍고 했는데 그런 상황에서 다시금 이제 면목동 기독병원으로 또 옮겼죠. 그래서 면목동을 또 따라갔는데 이미 경찰 병력 2천여 명이 병원을 그냥 철통같이 외곽부터 내부 또는 병원 담장까지 전부 다 둘러싸고 지키고 있는 상황이었습니다."

송광영이 치료받을 병원을 찾아 성남병원에서 서울대병원으로, 다시 기독병원으로 이동하는데 걸린 시간이 족히 서너 시간은 될 것이다. 해가 졌고 당시에는 학교 전화로 연락을 받을 수 있었으므로 오후 늦게까지 집회를 했던 학생 중 일부가 학교에 남았다. 총학생회실과 지하 서클실(동아리방)에 모여 앞으로의 대책을 논의하고 다음 할 일을 준비하기 위해서였다. 한편으로 그들은 광영이 머문 공간들을 찾아다니며 관련 자료와 물건을 챙겼다. 그중에는 광영이 소지하고 있던 여행용 가방 안, 양복 주머니에 있었던 일기장도 있었다.

그들은 침울한 상태로 송광영이 쓴 일기장을 돌려 읽었다. 증언에 따르면 당시 일기장은 가로 15센티, 세로 25센티미터 크기의 스프링 노트였고 20페이지 정도 쓰여 있었다고 한다. 송광영의 개인적 고민과 운동에 관한 생각, 결의가 적혀 있었고 1985년 9월 5~6일까지 기록돼 있었다고 한다.

이제 일기장을 어떻게 밖으로 빼내야 할까 하는 과제를 두고 학생들은 고민에 빠졌다. 송광영의 정신이 담긴 중요한 물품이 될지 모른다고 판단한 것이다. 이러저러한 논의 끝에 결국 들고 나가기로 하고 자정 무렵 한 학생이 품에 넣고 학교 정문으로 나갔다. 그러나 경찰은 벌써 상황을 알고 교문 앞에서 숨어 지키고 있었고, 학교 앞에서 그들을 모두 연행한다. 이어 학생들은 성남경찰서 3층에 끌려가 소지품을 꺼내놓으라는 경찰의 압박에 가진 것을 모두 꺼냈는데, 몰래 숨겨두었던 송광영의 일기장이 거기에 있었다. 이 일기장은 경찰 압수 후 영원히 사라져 버렸다. 이때 연행된 학생은 모두 8명. 3학년 2명과 2학년 6명이었다.

그들은 전날까지 무슨 일어날지 알지 못한 채, 갑작스러운 동지의 분신을 목격했으며 하루 종일 바쁘게 뛰어다녀 지칠 대로 지친 상태였다. 철저히 준비하고 대응할 수 있는 상황도 조직력을 갖추어 대응하기 전이었기에 한순간에 속수무책으로 당했던 것으로 보인다. 사실 돌이켜보면 이들은 그저 시대의 양심에 움직였던 대학생들로 개개인으로 보면 한없이 약하고 힘없는 존재였다. 그러나 상황은 그들에게 앞장서 싸울 것을 요구하였고, 광영의 분신으로 더 이상 물러서지 않는 결의를 일으킨 것이었다. 그러나 저쪽은 물리력과 정보력을 가지고 있는 뿌리 깊은 군사정권 조직이 있었고, 학생들은 아무것도 없는 상태였다. 어쩌면 처음부터 불리한 싸움이었고, 속수무책으로 당할 수밖에 없었던 상황이었다.

그러나 그다음 날부터 상황은 천천히 달라지기 시작하였다. 경원대학교 학생들, 성남지역, 그리고 전국조직으로 결성된 재야단체들과 지역 노동운동 진영, 사회운동, 종교단체들이 모여들었다. 이들의 구호에 '연행 학생 석방하라'는 외침이 추가되었다. 광영이 기독병원 5층 중환자실에 입원하는 동안 학생 외에도 송광영 분신구명대책위와 민주통일민중운동연합회(약칭 민통련), 민주화추진위원회(약칭 민추위), 기독교청년회, 목민선교회, 신민당 조사위원회, 주민교회 등 많은 이들이 병원 방문을 시도하였다.

학교에서 집회가 있고, 전국에서 사람들이 움직이던 그 시각 병원 역시 전쟁터나 다름없었다. 광영의 상태는 전신 80% 2도~3도 화상으로 매우 심각하였다. 저녁 무렵 소식을 듣고 둘째 형이 병원으로 달려왔을 때 의사는 송광영이 며칠을 넘기기 어려운 위독한 상태이며, 에너지 보충을 위해 고가의 알부민을 주입해야 한다고 말했다. 둘째 형은 앞이 캄캄하였지만 어머니께 상황을 알리지 않은 채 형제들끼리 해결해 보려 하였다. 송광영은 처음엔 식사와 치료를 거부하며 죽음으로 결의를 지키려 버텼다. 그러나 화상의 고통은 그러한 결심을 뛰어넘는 것이었다. 아무리 입을 다물고 싶어도 고통의 신음 소리는 중환자실을 넘어 밖으로 새어 나왔다. 중환자실은 정해진 면회시간 외에는 밖의 사람을 만날 수 없었다. 그것도 가족 외에는 모두 금지되었기에 안과 밖이 단절된 시간이 한동안 이어졌다. 안에서는 화상의 통증과 싸우는 가운데 밖의 상황을 궁금해하고, 밖에서는 환자의 상태가 걱정되어 초조하게 기다리는 시간이 계속되었다.

중환자실에서 송광영이 사투를 벌이고, 바쁘게 움직이는 경찰들과 병원 사람들이 있었던 한편 멀리 떨어진 성남경찰서 3층에는 밤새 불이 환히 밝혀진 채 경찰서에 붙잡혀 오도 가도 못하는 학생들이 있었다. 슬픔과 더불어 온갖 생각과 복잡한 마음이 사람들의 가슴을 할퀴었고 9월 17일의 하루해가 그렇게 저물어 갔다.

다음날부터 싸움의 양상은 조금씩 달라진다. 가족들이 합류하자 광영은 치료를 받으며 조금씩 회복의 가능성을 보였다. 면회 온 문익환 목사, 계훈제 선생 등에게 그는 "지금 밖의 상황은 어떻습니까? 왜 여기에 계십니까? 싸워야 하지 않습니까?" 하고 투쟁을 독려하기도 하였다. 중앙 언론에는 한 줄도 실리지 않았지만 기자들도 여러 명 찾아왔다. 언론 민주화운동에 참여하던 기자들이 여러 명 방문하였을 것으로 짐작된다. 그들은 광영과 유가족의 이야기에 귀를 기울였으나 끝내 한 줄도 싣지 못하였고, 그 내용을 이후 추모자료집에 실었다.

정보가 빠른 시절이 아니었음에도 입소문은 빠르게 퍼졌다. 하루하루 날이 지나며 그의 목숨을 건 투쟁 소식이 외부에 알려지기 시작했다. 집회장에 뿌려지는 유인물에 그의 투쟁 소식이 실렸다. 면목동 기독병원 주위로 서울 지역의 대학생들이 방문하기도 하였다. 그러면서 송광영이 밝힌 횃불과 그가 외친 구호들이 사람들의 입에 오르내렸다. 그의 선택은 연약한 한 인간이 할 수 있는 가장 강력한 저항이었고 아무나 할 수 없는 일이었다. 가진 것 없고 약한 사람들은 뭉치고 목숨을 걸고 소리치지 않으면 안 된다. 그는 어려서부터 그걸 누구보다 잘 알고 있었다. 스스로 목숨을 바쳐서라도 부싯돌이 되어 부딪혀야지, 아무것도 하지 않은 채 당할 수는 없었다. 그만큼 절박한 심정이고 상황임을 많은 노동자와 학생, 종교계에서 공감하였다.

이제 싸움은 남은 사람의 몫이 되었다. 그가 높이 들어 올린 횃불을 꺼뜨리지 않고 저 들판에 불을 붙이기 위한 행진에 점차 더 많은 사람들이 동참하였다. 그들은 송광영이 목숨을 걸고 막으려 했던 학원안정법을 저지하고, 광주학살의 진상을 알려 폭력의 시대를 끝내야 한다는 데 생각을 같이했다. 그렇게 '송광영 열사정신'이 형성되고 계승되었다. 그의 뒤를 이어 싸우고 버틴 무수한 사람들의 발자국이 겹겹이 쌓여 대한민국 저항의 역사가 되었다. 노동자 전태일이 1970년 분신한 후 긴 시간이 흐른 뒤에야 여러 사람의 노력으로 죽음이 구명되고 투쟁의 전선에서 다시 호명되었던 것처럼, 송광영 열사의 분신구명 또한 이후 길고 힘든 투쟁의 과정으로 전개되었다. 그리고 이 힘든 여정에서 자신의 슬픔과 상처를 돌보지 못하고 격동의 시간을 내달렸던 송광영의 동료, 선후배, 가족들이 겪은 회한과 상처는 미처 어디에서도 다루어지지 못한 채 시간 속으로 묻혀 버렸다.

❖ 경원대학교 신문 20호(발행은 하지 못하였음)

  지난 9월 17일 오후 2시 40분경 우리 대학 법학과 2학년 송광영 군이 분신을 기도했다.

  송 군은 온몸에 석유를 뿌리고 불을 붙인 채 C동 현관에서 운동장으로 달려 나오며 "학원안정법 철폐하고 학원탄압 중지하라", "민중생존권 수호하고 독재정권 타도하자"라는 구호를 외치다가 B동 앞 운동장에서 쓰러졌다. 학교직원이 소화기로 불을 소화한 뒤에 온몸이 처절하리만큼 불타 있는 상황에서도 엎드려 쓰러진 채 주위에 모인 학생들에게 애국가를 불러달라고 요청하여 학생들은 혹은 울고, 혹은 무릎을 꿇은 채 어깨를 걸고 애국가를 불렀다. 뒤이어 학생들은 스크럼을 짜고 쏟아지는 빗속을 뛰면서 '학원안정법 철폐하고 학원탄압 중지하라' '민중생존권 수호하고 독재정권 타도하자'를 외치며 시위를 벌였고 '늙은 군인의 노래', '쏟아지는 빗발 뚫고' 등의 노래를 불렀다.

  2시 55분경 학교 앞 성남병원에서 앰브란스가 와 송 군을 싣고 병원으로 떠나자, 일부 학생들은 성남병원까지 어깨를 걸고 따라갔으며 성남병원에 화상전문의가 없어 다시 서울대학병원으로 이송하는 것을 보고서야 학교로 돌아왔다. 그러나 서울대학병원에 입원실이 없어 4시 20분경 다시 동대문구 면목동 서울기독병원으로 이송되었다.

  송 군의 분신 기도가 있었던 17일 1시에는 총학생회 주최로 학생대토론회가 계획되어 있었다. 이날 학생대토론회는 김동석 이사장과 백승기 학장이 참석한 가운데 ▲총학생회 회칙 통과 ▲학생회관, 도서관, 체육관 건립 시기 및 규모 ▲조경공사 및 상징탑 건립계획 ▲운동부 창설 ▲교수의 질적 양적 확충

▲교무행정의 일관성 ▲편입생 문제 등의 안건으로 개최될 예정이었으나 비로 인해 19일로 연기되었던 것이다.

송 군이 병원으로 이송된 후 총학생회실이나 서클실에서는 앞으로의 대책이 논의되기도 했으며, 18일 오전 0시 10분경 귀가 중이던 8명의 학생이 교문 앞에서 전경에게 연행되어 19일 오후 8시경 훈방되었다. 이날 연행된 학생들의 명단은 다음과 같다. 김용석(경영2) 박형진(영문3) 송영철(불문2) 유지현(무역2) 이윤헌(경제2) 이인환(영문3) 임일빈(법학2) 정규상(영문2)

18일 오후 1시에는 학생들이 '학원안정법 철폐하라', '학원탄압 중지하라', '연행 학생 석방하라' 등의 구호를 외치며 시위를 벌였고, 오후 2시 30분에 백승기 학장과 최항수 학생처장이 참석한 비상학생총회가 개최되었다. 이날 비상학생총회 안건은 ▲학원안정법에 대한 학장님의 의견 ▲송광영 군에 대한 학장님 견해 ▲연행 학생에 대한 학교의 대책안 등이었으나 백 학장은 성의 있고 진지한 답변을 회피하는 듯한 인상을 주었다.

한편 송 군의 분신 기도 장면을 촬영한 우리 대학 교지편집위원 허용규 군은 19일 오전 집에서 연행되었다가 이날 오후에 훈방된 것으로 알려졌다.

송 군은 전남 광주에서 1958년에 4남 1녀의 막내로 태어났고 중졸 후 평화시장에서 재단사로 일했었다. 1981년 군에서 제대한 뒤 검정고시를 거쳐 1984년 우리 대학 법학과에 입학하여 학원민주화투쟁위원회 기획부장, 검정고시 동문회 홍보부장으로 활동해 왔다.

송 군은 분신 기도 3~4일 전부터 검은 양복에 검은 넥타이를 착용하고 다녔다는 것으로 보아 이번 분신 기도는 사전에 계획이 있었던 것으로 추측된다.

현재 송 군은 동대문구 면목동 서울기독병원 B동 5층 중환자실에서 입원 가료 중인데 병원에는 지금껏 우리 대학 교수, 학생들을 비롯하여 민주통일민중운동연합회, 민주화추진위원회, 기독교청년회, 목민선교회, 신민당조사위원회 등 많은 재야단체에서도 다녀간 것으로 알려졌다.

송 군의 치료비는 24일 오후 4시 최항순 학생처장이 '송광영 군의 입원 가료 중 치료비 전액을 부담할 것을 확인함'이라는 확인서를 전달함으로써 학교에서 지급키로 했다.

병원에는 현재 태릉경찰서 소속 형사와 사복경찰들이 배치되어 있으며, 면회는 가족들과 우리 대학 최석기(법학3), 서정일(법학 2), 천선욱(법학 2) 군만이 허용되고 있다. 이들의 말을 빌리면 송 군은 '분신 기도의 동기가 무엇이었느냐?' 라는 질문에 '자신의 희생으로 학원안정법 제정 반대에 기폭제가 되려고 했다'고 말했으며, 학우들의 현재 상황이 어떠한지를 묻기도 했다고 한다.

송 군은 9월 17일 전신 70% 2.65도 화상이어서 회복이 매우 힘들 것으로 보였으나, 일주일이 지난 9월 25일 현재 상태가 현저히 회복되는 추세에 있다 한다.

한편, 송 군은 추가등록마감일(9월 20일)이 지난 현재까지 아직 미등록 상태인데, 이에 대한 학교 당국의 입장에 귀추가 주목된다.

❖ 송광영 열사 제4주기 추모제 자료집(1989년)

"그대 그리던 해방의 아침은 끝내 오리라!"

[그대! 부활하는 반도의 곳곳마다 애국의 함성으로 함께 하리니!]

1985년 9월 17일 경원대학교 민주광장에서는 학원안정법 철폐에 대한 범경원인의 결의대회가 있었습니다.

그러나 쏟아지는 빗속에서 경원학우 참여의 부족으로 집회가 무산되었습니다. 다음 집회에 대한 토론이 동아리실에서 열렸지만 폭우로 인해 집회가 개최되기 어렵다는 의견이 모아지는 과정에서 송광영 열사는 "우리 경원학우가 이만한 악천후로 인하여 우리의 투쟁이 꺾일 수 없다"고 강력한 의지를 촉구하였고 집회개최를 요구하면서 송광영 열사는 무엇인가를 적고 있었습니다.

그것이 마지막으로 남긴 양심선언과 유서였습니다. 그러나 다른 학우들은 계속 집회가 어렵다는 판단 속에서 집회의 무산을 결정하고 해산하였습니다.

그런 직후 송광영 열사는 온몸에 신나(시너)를 뿌리고 자신의 몸에 불을 붙이며 「군부독재 타도」, 「학원안정법 철폐」라는 구호를 외치며 비가 내리는 민주광장으로 달려나가다 쓰러지셨습니다.

직후에 학우들이 달려나가 송광영 열사의 몸에서 타오르는 불을 소화기로 껐을 때 송광영 열사는 온몸이 타들어 가는 처참한 고통 속에서도 계속적으로 구호를 외치며 모여 있는 경원학우들에게 마지막으로 애국가를 불러달라는 부탁을 하였습니다. 학우들이 피눈물을 흘리며 부르는 애국가를 들으면서 열사는 고요히 눈을 감았습니다. 이후 병원으로 옮겨진 뒤에도 쓰라린 고통에도 굴하지 않고 숨을 거두시기까지 "군사독재 타도" "학원안정법 철폐"를 외치셨습니다. 열사의 제4주기 추모 기간을 맞이하여 공안정국을 분쇄하고 참된 민주를 실현해내기 위해 한자리에 모여 열사의 뜻을 기려봅시다.

송광영 열사 추모사업회

애국경원대학교 제6대 단결총학생회

* 당시 상황을 자세히 기술한 유인물이라 그대로 인용함

2

어린 시절, 노동자
송광영(1958-1979)

광영은 온 얼굴과 몸을 벌에 쏘여서
통통 부은 얼굴을 하고 집에 돌아왔
다. 어떻게 된 거냐는 누나의 물음에
헤헤 하고는 가볍게 웃더니, 아이들
이 다리 앞에 벌집이 있어서 무서워
하길래 돌멩이를 던져서 벌집을 부
숴버렸다고 대답했다. 너는 무섭지
않았냐는 말에 광영은 아무 말이 없
었다. 아프다면서도 배시시 웃을 뿐
이었다.

어린 시절, 가난하지만 다정다감한 막내로 자라다

송광영은 1958년 10월 3일(음력) 전라남도 광주시 청풍동에서 태어났다. 가장 맏형(송선영)은 광영보다 13살이나 나이가 많았고, 그 아래 10살 위 누나(송영숙)와 7살 차이 나는 둘째 형(송한영), 4살 차이 나는 셋째 형(송찬영), 이렇게 오 남매의 막내로 태어났다.

청풍동 그의 집 맞은편에는 덕봉산이 우뚝 서 있었다. 집에서 바라보면 정면에 산의 풍채가 한눈에 담겼으며, 그 뒤에 무등산이 그림자처럼 서 있었다. 덕봉산이 무등산 자락이었으므로 광영의 집 또한 무등산 자락 끝에 위치한 셈이다.

송광영의 집안이 어쩌다 이 마을에 살게 되었는지는 전해지지 않는다. 다만 이후 광영의 부친 사망 후 온 가족이 서울로 와서도 변변한 집 한 칸 없이 고생한 것으로 보아 아무것도 소유하지 못한 채 농촌에서 그럭저럭 살았던 것으로 보인다. 이 가족의 삶은 어찌 보면 참으로 기구하고, 또 어찌 보면 당시에는 흔해서 특별할 것 없는 민중의 삶 그 자체였다.

광영의 부친 송판금은 딱히 하는 일 없이 그럭저럭 살다 6·25 전쟁을 겪으며 큰 부상을 입는다. 그에 대한 기억이 남아 있는 둘째 아들의 증언에 의하면 그는 동학사상 또는 그 비슷한 사상에 심취해 있었다고 하니

의식이 깨어 있었던 사람으로 보인다. 1894년 동학 농민들은 3월의 고부(백산)에서 봉기하고, 뒤이어 9월에는 전주·광주에서 광범위하게 궐기하였다. 그들이 궐기하고 민중이 동참하였던 것은 그만큼 두루 알려지고 지지를 받았기 때문이다. 송판금 역시 여기에 영향을 받았을 것이다.

해방과 함께 한반도는 민족의 비극인 6·25 전쟁을 겪는다. 특히 무등산은 낮에는 국방군, 밤에는 무장공비가 주둔하여 주민들을 괴롭혔는데 송판금의 친척 한 명이 무장공비에게 끌려가는 바람에 송판금이 의심을 받았다. 경찰은 송판금이 무장공비에 협조했다고 판단하고 자백을 강요하며 고문하였던 것이다. 송판금의 가산은 이미 할아버지 때 탕진하여 토지 하나 없이 가족들이 근근이 살아왔는데, 몸까지 크게 다쳐 놓으니, 이제 모든 살림은 그의 처 이오순의 몫이 되었다. 이오순은 소금장사를 비롯하여 안 해본 일이 없을 정도로 많은 일을 하며 큰딸을 낳고 또 연이어 아들 셋을 낳았다.

이오순은 강인했다. 둘째를 낳았을 때는 한겨울에 도와주는 이 없이 홀로 나가 피 묻은 몸을 씻고 다시 움직여야 할 정도였으나 말없이 힘든 일을 헤쳐 나갔다. 이오순은 남편을 대신하여 묵묵히 집안 살림과 육아, 돈벌이까지 해냈다. 그러나 어린아이를 돌보며 밖으로 나가 일을 한들 여성의 노동은 제값을 받지 못하던 시절이었다. 늘 가난했고 배고팠다. 그저 몸을 움직여 뭐라도 해야 했다. 둘째를 데리고 장사를 다닐 때는 아이를 업고 무거운 짐을 지고 언덕을 오를 수 없어 먼저 아이를 아래쪽에 내려놓고, 짐을 지고 올라간 후에 다시 내려가 아이를 데리고 올라다녔다고 한다. 이루 말할 수 없는 고단한 삶이었을 것이리라.

그러다 이오순은 친척의 권유로 서울로 일하러 가게 된다. 막내 광영이 막 태어났을 무렵이다. 그가 소개받은 일자리는 행상과 소쿠리 장사를 하는 일이었는데, 지방의 많은 부녀자들이 이 일을 소개받아 서울로 향했다. 1950~60년대 이촌향도의 물결이 이어지던 시기이고 제조업과 경공업에 의존해 경제 성장을 하던 시절이다. 전쟁으로 남성 노동자가 줄어들어 부녀자의 노동, 아동·청소년 노동까지 싹 끌어모아 성장을 향해 달려야 했다. 도시로 노동자를 모으기 위하여 도시로 가면 성공할 수 있다는 환상이 농촌 끝까지 전달된다. 이오순에게도 이 같은 '서울의 꿈'이 도착하였을 것이다. 또는 자식들의 교육을 위해서라도 도시로 가지 않으면 안 된다는 절박함이 컸을지 모른다. 이오순은 처음에는 홀로 어린 광영을 데리고 서울로 올라와 자리를 잡으려 하였으나 쉽지 않았다. 광주와 서울을 오가고, 가족들이 만나고 헤어지기를 반복하는 가운데 막내 광영은 잠깐의 시간을 빼고는 대부분 어머니의 품 안에서 어린 시절을 보냈다.

송광영보다 나이가 열세 살이나 많은 큰형은 국민학교를 졸업한 후 상급학교에 진학하지 못한 채 노동과 장사를 이어갔다. 훗날 그는 월남전쟁에 파병되는데 결국 고엽제 후유증으로 인하여 고생한다. 한때 중동 건설 붐이 불어올 때는 막노동이나마 돈을 벌기 위하여 중동 건설

현장으로 갔던 적도 있다. 광영의 누나도 어린 나이 때부터 동생들을 챙기며 집안일을 하다 제조업 공장을 다니는 등 많은 고생을 하였다. 나중에 이오순이 광영으로 인하여 여러 일을 겪고, 또 딸에게 많이 의지하면서 '너를 딸이라 가르치지 않은 것이 후회된다'며 아쉬워하였을 정도로 누나 역시 강단이 있고 다부진 성격이었다. 광영의 둘째 셋째 형은 광주 시내 친척 집 등 여러 곳을 전전하며 어떻게든 공부를 이어가기 위해 노력하였다. 배우지 않으면 가족 모두가 가난에서 헤어나올 수 없다는 생각이 컸기 때문이다.

토지를 갖지 못한 농부의 삶, 자본을 갖지 못한 가난한 노동자의 삶, 주택을 갖지 못한 판자촌 도시 빈민의 삶, 홀로 생계를 꾸려야 하는 여성 가장의 삶… 이 모든 것이 송광영 가족의 삶에 녹아 있다. 그리고 이는 곧 현대 한국사회 대부분의 민중이 겪은 삶이기도 하다.

송광영이 태어난 1958년 그해 전국적으로 많은 아이들이 태어났다. 1958년에 태어난 이들이 겪은 역사적인 특징으로 인해 '58년 개띠생'으로 호명되며 한 시대를 상징할 정도이다. 이들은 전국에서 92만 명이 넘는 아동이 태어난 최초의 베이비붐 세대로 청년기에 유신 시대의 몰락과 5공화국의 탄생을 지켜보며 성장하였다. 58년 개띠생들은 전후 세대와는 다른 결을 가지며 자랐다. 자랄 때는 경제적인 어려움을 겪었고, 청년 시절에는 급변하는 시대 속에 정치적인 격변을 겪고 장년기에는 사회의 주도 세력이 되었다.

58년에 태어난 광영 또한 부모님과 형제들이 겪는 여러 가지 일을 직접 보고 느끼며 자랐다. 특히 국가는 이 가족에게 참으로 가혹하였다. 국가가 하라는 대로 다 하였는데, 그들은 계속 가난과 싸워야 했고 쉴새 없이 일하며 살아야 했다. 전쟁을 겪은 대한민국은 쉬지 않고 국민에게 이런저런 희망을 주입하고 그러면서도 전쟁의 위협을 빌미로 권위적이고 폭력적인 군사정권을 계속 이어갔다. 다수 국민들은 국가의 요청에 부응하고 따르면서 희망을 가지면서도 치열한 생존 경쟁에 그대로 노출되었다. 비인간적인 처우와 서로가 서로를 밟고 일어서야 하는 현실에서 사람들 역시 비인간적인 행동을 강요받는다. 폭력이 횡행하고 이겨야만 살아남는 조건에서 가난한 여인과 갓 태어난 아이가 살아가기 참으로 힘든 시기였다.

이렇게 고단한 시절, 그래도 막 태어나 일찍 걸음마를 뗀 막둥이 광영의 순수함은 많은 이들의 귀여움을 받았다. 그는 제대로 먹지도 못하고 입지도 못했지만 티 없이 자랐다. 어머니가 장사를 했기 때문에 그는 주변의 모르는 사람들로부터 두루 사랑받을 수 있었다. 광영의 스스럼없는 성격은 이러한 유년기의 영향을 받은 것으로 보인다. 그는 가난하고 가진 것이 없어도 주위 사람들에게 베풀기 좋아하고 사랑을 잘 표현하였다.

반면 누나와 형들은 광영이 태어나고 자라는 동안 스스로의 앞길을 개척하느라 벅찬 시간을 보냈다. 그로 인해 광영의 형제들은 독립심이 강하고 문제가 생겼을 때 물러서지 않는 성격을 가졌다. 광영 역시 이러한 형제의 영향을 받았으나 막내로 자란 덕분에 보다 유순하게 클 수 있었다. 왜냐하면 그에게는 늘 어머니와 형제들의 보호가 있었기 때문이다. 그리고 그는 다른 형제들보다는 비교적 자유롭고 당당하게 컸다. 태어나 곧 어머니의 등에 업혀져 살았고 배고픔에 울었지만 외롭거나 서럽지는 않았던 것이다.

많은 부분 어머니를 대신했던 누나는 나중의 그를 기억하며 "어머니에게 다정하고, 장사를 다녀와 힘들어하는 어머니가 주물러 달라고 하면 다리를 잘 주물러 주던 효자"라 말한다. "머리가 좋아서 그냥 출세하려고 마음먹었다면 우리 식구 중에서 제일 잘됐을 거야"라고 회고하기도 한다. 형과 누나가 보기에 막냇동생은 '어머니께 잘하고 조카에게는 한없이 다정한 사람'이었으며, '약게 굴지 못하고 철없는' 사람이었거나 혹은 '시절에 대한 분노가 많은 혈기 왕성한 젊은이'로 기억되고 있다.

만약 광영과 같은 시기 학교에 다녔거나 학원, 혹은 군대 시절을 함께 보낸 사람을 더 찾을 수 있다면 보다 많은 일화가 세상 밖으로 나올 수 있을지 모른다. 우리가 동창회에 가면 전혀 생각하지도 못한 사람으로부터 기억나지 않았던 일에 대한 생생한 증언을 듣는 것처럼 말이다. 아무튼 이런저런 이유로 광영의 어린 시절 기록이 많지 않음이 매우 아쉽다.

어머니 이오순은 수기에서 광영의 어린 시절을 다음과 같이 회고한다.

"먹일 것, 입힐 것이 제대로 없어 너를 고생시키며 키운 일이 이 어미 가슴을 아프게 하고…".

여기서 보듯 어머니는 광영을 잃고 나서 잘 먹이지 못하고 잘 입히지 못한 어미로서의 미안함과 안타까움 슬픔을 담아 그를 기억한다.

"광영이가 가난한 농촌에서 태어난 지 백 일 만에 나는 그 애를 들쳐 업고 서울로 왔지. 그리하여 나는 '세창상회'라는 돗자리 공장에 행상으로 취직을 했지만 무척이나 살기가 힘들었어. 서울에 올라온 그해에는 너무너무 힘들어서 '내가 죽으러 여기 왔나부다'라는 생각까지 들었어. 태어난 지 얼마 안 되는 애는 업었지, 날씨는 춥지, 낯선 서울 길은 모르 겠지…, 나머지 애들은 몸이 아파 누워 계시는 저 아버지 옆에 놓아두고 백일이 된 광영이는 어쩔 수 없어 달랑 들쳐업고 서울로 무작정 돈 벌러 온 나의 서울 생활은 그렇게 시작됐어."

이오순은 가난이 익숙하였다. 결혼 후 이미 남편이 농토 하나 없는 무 일푼인 걸 알았고 홀로 살림을 이끌었기에 억척스러움이 몸에 배 있었다. 그때의 배고픔과 가난을 짐작하려면 1960년대 초까지 있었던 '보릿고개' 라는 말을 이해할 수 있어야 한다. 가을에 거둔 양식이 겨울을 지나며 모 두 떨어지고, 어린 보리싹이 나오기 전까지는 먹을 것이 없어 먹는 날보 다 굶는 날이 길었던 시절이다. 굶주린 사람들은 나무뿌리와 껍질을 먹 고도 모자라 동네 뒷산의 아무 풀이나 뜯어 먹다가 때론 배탈이 나고 붓 고 병이 들었다. 이오순도 배가 고팠다. 그러나 그는 아무 풀이나 따지 않 고 쑥만 골라서 캐어 쑥떡을 했다. 쑥을 먹으면 배는 고플지언정 아프지 는 않았기 때문에 그는 무사히 보릿고개를 보냈다고 말하곤 하였다.

그래서 그의 집안에는 늘 쑥떡을 찌는 전통이 남아 있었다. 쑥떡을 찌 려면 방앗간의 가장 늦은 시간까지 기다려야 한다. 흰 떡에 쑥이 묻기 때문이다. 밤 12시에 떡을 머리에 이고 돌아오는 어머니의 모습을 형제들이 기억하듯이 광영 또한 자라면서 자주 보았을 것이다.

이오순의 실행력을 송광영이 그대로 보고 배우며 자랐다. 광영을 낳고 그는 농촌에 살면서도 배를 곯아야 하고, 자식들을 학교에 보낼 수도 없는 상황을 바꿔보겠다는 강한 의지로 서울행을 결심하였다. 이는 여성에게는 아주 큰 결심이다. 보통 강단이 아니면 마음조차 먹기 힘든 일이다. 그렇게 복잡한 상황에서 1958년 광영이 태어났고, 갓 100일이 된 아이는 어머니에게 업혀 서울로 온다. 어린 광영은 어머니에게 한편으로는 짐이었을 수 있지만 다른 한편으로는 유일한 의지처였다. 이때 큰아들은 이미 외지에 나가 있었고 딸과 아들 셋은 광주에 남아 있었다.

막내 송광영을 둘러업고서 이오순이 도착한 곳은 평화시장 가까이에 있던 '세창상회'였다. 그곳은 돗자리와 소쿠리를 파는 외판 회사였는데, 익숙하지 않은 서울의 이곳저곳을 직접 걸어 다니면서 판매를 해야 했다. 돗자리와 소쿠리는 노점을 하는 사람에게 꼭 필요한 물건이었고 가정에서도 많이 사용했으므로 시장과 주택가를 다니면서 팔았을 것으로 짐작된다.

세창상회가 제공한 숙소는 숙소라고 말하기에도 민망한 '하꼬방'이었다. 목재를 얼기설기 세워서 겨우 바람만 막을 수 있는 20평이나 될까 싶은 공간에 가운데는 구멍이 뻥 뚫려 있는데 1층은 평지, 2층은 주인

집, 3층에 20여 명이 기거하였다. 사람들이 방 가운데가 아니면 몸을 세워 서 있기도 힘들 정도로 낮은 지붕에 겨우 몸을 의지할 수 있는 공간이었다고 한다. 겨울에도 난방을 할 수 없는 곳이기에 물을 떠 놓으면 바로 얼어붙는 냉방이었고 거기서 사람들의 체온으로 그저 견디며 지냈다.

그곳에는 광영 가족 외에도 여러 사람이 공동 숙소처럼 지냈는데, 겨우 백일이 지난 어린 아기가 무사히 건강하게 자라준 것만도 고마운 일이다. 열악한 환경에서 어린 광영과 어머니 이오순은 서로 온기를 나누며 버텼다. 아이는 춥고 배고파 울고 보챘을 것이고, 장사에 지친 다른 이들의 눈치를 보면서 어머니 이오순은 그를 품에 어르며 앉은 채로 잠을 잤다. 아이를 업고 행상하는 객지생활의 서러움과 고됨, 그리고 배고픔이 일상이고 춥고 더운 길에서 장사 하며 겪는 설움이 겹쳐 그녀는 '딱 여기가 내 죽을 곳인가보다'고 여러 번 생각했다고 한다.

그러나 사람은 어떻게든 살아진다. 그 시절 상경한 노동자들은 일의 귀천이 없이 먹고 살 수 있는 일은 무슨 일이건 닥치는 대로 했다. 먼 길을 걷는 것도 일상이었고, 하루 세끼 밥을 먹는 일은 호사라 생각했다. 판자로 얼기설기 엮은 집이라도 두 다리 뻗을 곳이 있으면 다행이었다. 전태일 평전에 "업주들은 한 끼 점심값으로 200원을 쓰면서 어린 직공들은 하루 세끼 밥값이 50원"이라는 표현과 함께 태일이 "어머니가 비록 수제비라도 하루 세끼를 드실 수만 있다면" 하는 표현이 등장한다. 전태일이 주로 활동하던 60년대의 이야기이니 이오순이 어린 광영을 데리고 일하던 시절과 거의 비슷할 때의 이야기다. 광영과 이오순, 전태일과 이소선은 참으로 여러 면에서 닮았다.

이오순은 하루 한 끼를 국수로 먹고 어쩌다 숙소에 같이 지내는 이들과 밥을 나누어 먹으면 그나마 두 끼의 식사로 겨우 배고픔을 이겨야 했다. 날이 밝으면 다시 아이를 업고 장사에 나서는 날들이 계속되었다. 아무리 대나무로 만든 소쿠리라 하더라도 손님들이 원할 만한 다양한 크기의 물건을 가져가야 하기에 한꺼번에 쌓으면 무게와 부피가 꽤 나갔다. 당시 여성들은 물건을 주로 머리에 이고 다녔다. 이오순 역시 소쿠리를 잔뜩 머리에 짊어지고 다녀서 나중에 위쪽 머리가 많이 빠져 고생했다. 여기에 아이를 등에 업거나 혹은 손에 잡고 하루 종일 걸어 다녔으니 고단함이 이루 말할 수 없으리라. 이렇게 고생고생하고 외판을 하고 돌아오면 두 다리 편히 쉬는 따뜻한 집이 아니라 춥고 불편한 다락방이 기다리는 고역스러운 생활이었다.

그럼에도 이오순은 송광영이 주변 사람들의 귀여움을 많이 받았다고 회고한다. 광영은 말을 일찍 배우고 걸음마를 일찍 뗐다. 업고 다니다가 어느 만큼 큰 뒤로는 손을 잡고 다녔는데, 외판을 위해 남의 집 대문을 두드리는 어머니의 모습을 지켜보다가 그 모습을 흉내 내서 주위 사람들을 웃게 하였다고 한다. 겨우 걸음마를 뗀 아기가 뒤뚱뒤뚱 걸어가서는 문을 똑똑 두드리고 '안 사요?' 하고 말하니 혀 짧은소리에 귀여움이 묻어났을 것이다.

저녁에 돌아와 함께 밥을 지어 먹는 동안 같은 처지의 여성들은 서로를 위로하고 광영의 재롱을 보며 웃었다. 물론 광영도 어느 때는 울고 떼쓰기도 했을 것이다. 이해한다고 하지만 장사로 피곤한 상태에서 아이 울음소리를 듣기 좋은 사람은 없었을 것이다. 다들 수많은 사연을 안고 올라온 서울이었다. 그중에는 자식이 보고 싶어 눈물을 훔치는 이도 있었을 텐데, 이들의 눈치를 보며 우는 어린 자식을 달래가며 보냈을 어머니 이오순의 심경은 어땠을까.

모진 가난의 시대를 힘겹게 건너는 어머니와 함께 총명한 어린 아기는 이 모든 것을 교과서 삼아 하루가 다르게 쑥쑥 자랐다. 그리고 더 이상은 어머니의 포대기에서 지낼 수 없을 시기가 되었다. 이오순은 광영을 데리고 장사를 다니기 힘들어지자 잠시 그를 떼어놓기로 결심한다.

짧은 시골 생활과 아버지의 추억

광영은 일찍 걸음을 떼고 말도 빨리 배웠다. 그러나 이오순이 감당하기 힘든 시기가 되자 어쩔 수 없이 광주로 보내진다. 세 살이 되어 스스로 걷고 움직이기 시작하면서 더 이상 아이를 데리고 장사를 다니기가 힘들었기 때문이다. 이른 시기에 어머니와 떨어져 지내야 하는 슬픔이 있었겠으나, 한편으로는 아버지가 있는 집에서 형 누나와 어울리며 보다 자유롭게 성장할 수 있는 시기를 맞이한 것이다.

시골 생활은 어린 광영에게 복잡한 도시와는 다른 평화롭고 한적한 자유를 주었다. 아버지와 형, 누나가 함께 있고 뛰어놀 야산과 들판이 맘껏 펼쳐져 있었으니 어린이에게는 나쁘지 않은 환경이었다. 그리고 이때 광영은 비록 짧은 시간이나마 함께 지낸 아버지의 영향을 받을 기회를 가졌다. 그의 아버지는 동학(천도교)으로 짐작되는 종교에 심취해 있었는데 평소 속을 잘 드러내지 않으나 생각이 깊고 여유 자적한 태도가 있었다. 광영에게는 여유 자적한 모습이 많았는데 이럴 때면 생전의 아버지를 닮았다는 말이 꼭 들려왔다. 광영의 부친은 약간 세상을 초월한 도인처럼 보일 정도로 평범한 사람은 아니었다고 한다.

"우리가 어머니에 의해서 양육된 것은 확실하지만 아버님의 영향도 있었거든요. 아버님이 가졌던 정확한 종교 이름은 천도교인지 아니면 기억은 안 나지만은 그런 종교를 믿으셨어요. 그리고 그 믿음이 엄청 강하셨던 거 같아요. 내가 지금 생각해 보니까 우리 집 앞에 큰 개천이 있었어요. 지금 보면 어떨지 모르겠는데 어렸을 때는 되게 크게 보였거든요. 우리 집이 바로 그 앞에 있었는데, 장마가 오고 홍수가 나면 물살이 엄청 세고 콸콸 쏟아졌어요. 물이 막 넘실넘실해서 금방이라도 우리 집을 삼켜버릴 것처럼 올라올 지경인데도 아버님은 한복 두루마기를 딱 입으시고 절대로 동요하는 일이 없었어요.

나는 그냥 무서워 죽겠는데 절대로 동요가 없고요. 하시는 말씀이 '이게 죽음이라는 거다. 죽음은 사람이 하늘로 가는 거다. 하늘이 데리러 오는 거다.' 이렇게 말하면서 아주 전혀 미동도 않고 앉아 계시곤 했거든요. 그걸 내가 어렸을 때 몇 번 겪었어요.

또 이제 좌우명이랄까, '길이 아니면 가지 말고 말이 아니면 적지를 말라'라고 그걸 어렸을 때 계속 말씀하셨거든요. 광영이나 우리에게 아마 아버님의 그런 성격이 다 영향을 주지 않았을까 그런 생각을 해요."

광영은 어리고 막내였기에 종일 집과 근처에서 아버지와 함께 많은 시간을 보냈다. 학교도 가지 못하고 살림하는 10살 위 누나가 그를 돌보았고, 가끔은 외할머니가 들여다보았다고 한다. 1958년은 전쟁의 상흔에서 벗어나 이른바 베이비붐 시대라 불릴 정도로 태어나는 아이가 많았다. 출생인구가 92만 명이 넘었고 어딜 가나 어린이가 보였다. 그러니 동네에는 비슷한 또래의 친구도 여럿 있었을 것이다. 시골에는 어린 남자

아이들이 몰려다니며 탐색하고 놀고 장난치기 좋은 것투성이니 비록 배고픔은 있었을지언정, 광영에게는 꿈같은 날들이었다.

팍팍하고 고단한 살림이었지만 송광영은 짧게나마 아버지와 함께 한 시간을 좋아했고 아버지에게 깊은 애정을 느꼈다. 그러나 안타깝게도 그 시간은 길지 않았다. 함께 한 지 2년여의 시간이 지난 후 그의 아버지는 끝내 돌아가신다. 그는 형제들과 함께 이듬해 외할머니 손에 맡겨졌다가 다시 서울에 와서 어머니와 함께 살게 되었다.

이 무렵 광영의 형제들은 모두 쉽지 않은 시절을 보냈다. 공부에 욕심이 있던 둘째와 셋째는 광주 시내에서 중학교에 다녔고, 일찌감치 아버지와 갈등을 겪었던 큰형은 아예 외지로 나가 집에 잘 오지 않았다고 한다.

이오순은 서울과 광주를 오가며 가족을 돌보는 일과 장사를 병행하면서 힘들게 생활을 이어갔다. 광영의 누나 역시 동생을 돌보기 위해, 때로는 돈을 벌기 위해 여기저기 옮겨 다녔다. 친척 집에서 지내고 거주지가 자주 바뀌면서 힘든 시간을 보냈기 때문에 어떤 이야기에서는 형제들의 기억이 조금씩 다르기도 하다.

막내 광영에 대해서는 어머니 이오순의 기억이 절대적인데, 수기에 남은 이야기와 형제들의 기억을 조합해 보면 광영은 어려서 매우 총명한 어린이였고, 밝은 아이였다.

또한 어머니와 동료 상인들, 또 손님들을 만나면서 자연스럽게 말을 빨리 익혔다. 광영에게는 힘든 시기를 담대하게 헤쳐가는 현실적인 어머니와 세상사에 초연했던 아버지 양쪽의 영향이 고루 전해졌다. 오 남매의 딸인 누나는 당시 많은 여자아이들이 그러했듯이 학교는커녕 일찍부터 집안일을 하고 가족을 돌보는 책임을 졌다. 또 큰아들은 아버지를 대신해 식구들을 먹이고 집안을 일으켜야 한다는 막중한 부담감이 주어졌다. 둘째 형과 셋째 형은 아들이었기 때문에 어렵지만 스스로 노력하여 상급 학교에 진학하겠다는 일념으로 묵묵히 공부를 했다. 막내인 광영은 이 모든 책임에서 그나마 자유로운 위치에 있었다.

그래서 그의 유년기는 가난하고 힘들었지만 자유롭고 즐거웠다. 그의 자유분방한 성격과 마음먹으면 꼭 하고야 마는 결단력은 이런 유년기의 영향에서 비롯되었다고 생각한다.

세창상회로 다시 모인 가족들

어린 시절의 행복도 잠시, 그의 나이 다섯 살 때 아버지는 결국 사망한다. 결국 광영은 서울로 다시 올라오고 식구들은 뿔뿔이 흩어졌다. 여전히 좁은 다락방 생활이었고, 안정되지 못한 주거 환경이었다.

그러나 광영은 씩씩한 남자 어린이였다. 7살에 서울 효제국민학교에 입학하였을 때는 한 살 일찍 시작하는 학교생활이었지만 친구들보다 학업이나 수업 태도가 우수하다는 소리를 들었다. 한자를 또래보다 빨리 익혔고 다부진 행동으로 일찌감치 선생님의 눈에 띄었다. 이오순은 광영이 학교생활을 잘할까 걱정했는데 어느 날 의외로 학급 반장이 되어 집에 왔다.

이오순은 광영이 혹여 먼저 나서서 반장이 되겠다고 했을까 봐 학교에 찾아갔다. 담임 선생님에게 그는 "나이 어린 애를 반장 시키면 다른 애들이 별로 안 좋게 여길 거예요. 그리고 일찍부터 그런 경험으로 애가 너무 빨리 성장하면 안 좋잖아요" 하며 반장 시키는 일을 만류하였다고 한다. 광영을 여러모로 배려하는 어머니 마음과 동시에 겸손함이 느껴진다.

이에 담임 선생님은 "광영이 같이 착하고 공부 잘하는 애를 반장 안

시키면 누굴 반장 시켜요. 광영이가 착하고 잘하니까 염려 마세요." 이러면서 오히려 이오순을 안심시켰다.

반장이 된 광영은 반 친구들을 위해 봉사하면서 책임감을 배웠다. 그러다 한번은 이런 일이 있었다. 학교로 가는 길에 하천이 있었고 외나무다리를 건너야 했는데, 하필이면 그곳에 큰 벌집이 있었다고 한다. 아이들은 벌에 쏘일까 무서워 빠른 길을 두고 멀리 다른 길로 돌아갔는데, 그 모습을 본 광영은 기어이 그 벌집을 없애야겠다고 별렀다고 한다. 그리고 어느 날 그가 온몸에 벌이 쏘여 집으로 왔다. 사정을 물어보니 벌집을 없애겠다고 돌을 던지다 그렇게 되었다는 것이다.

"아니 무슨 생각으로 그런 무모한 짓을 한 거야?"
하고 누나가 다그치니,
"내가 반장인데, 애들을 위해서 벌집을 없앴지" 하며 헤헤 웃더란다. 뒤를 계산하기에 앞서 해야 할 일은 하고야 마는 책임감 강하고 의협심이 강한 모습을 엿볼 수 있다.

그렇게 한동안 가난한 동네 아이를 위해 앞장서고 봉사하다가 광영은 학년이 오르면서 여러 가지 어려움을 겪는다. 당시에는 아무리 똑똑해도 가난한 어린이가 겪을 수밖에 없는 어쩔 수 없는 현실의 벽이 있었다. 가정환경에 따른 차별이나 전후에 형성된 폭력적인 학교 문화는 일찍부터 철이 든 광영에게 답답함을 안겨 주었다. 그래서 한때는 통솔력 있고 야무져 반장을 하기도 했었으나 점점 학년이 올라갈수록 광영은 학교에서 말썽꾸러기 취급을 당했고, 점차 학교에 적응하지 못하는 모습을 보였다.

어린 시절 가족사진

효제국민학교를 졸업하고 경신중학교에 입학하면서부터 이런 모습은 더욱 두드러지게 드러났다. 그는 뿔뿔이 흩어진 가족들과 고생하는 어머니가 속상하고 가엽게 느껴졌으나 스스로 할 수 있는 게 없는 현실이 답답했다. 그래서 이때부터 광영의 방황이 시작되었다. 학교 공부에도 큰 관심이 없어서 성적은 중간 정도였고 친구들을 좋아해서 우르르 몰려다니며 놀았다고 한다. 그리고 한 번씩 말없이 큰 사고를 쳤다.

중학교 1학년 가을이었다. 광영이 학교를 결석하고 집에 들어오지 않았다. 수중에는 어머니가 준 공납금이 있었다. 이오순이 여기저기 수소문하였지만 다음 날이 되어서야 광영이 집으로 들어왔다. 호되게 야단을 치면서 뭐하느라 학교를 빼먹었냐고 하니 친구들과 댐 구경을 하고 여기저기 쏘다니면서 놀다 왔다고 하였다. 요즘 같으면 학교생활에 무슨 문제가 있는지부터 살폈겠지만 그때는 무조건 학교에 가지 않은 광영이 벌을 받아야 하는 상황이었다. 게다가 간이 크게도 귀한 공납금을 노는 데 다 써버렸으니 식구들은 이유를 불문하고 광영을 사고뭉치라고 생각할 뿐이었다.

광영은 그 이유를 구구절절 설명하기보다 계속 이어나감으로써 가족들이 포기하게 만들었다. 정해진 틀을 벗어나 일탈하고, 툭하면 손에 있는 것을 남에게 줘 버리고 빈손으로 돌아오는 일이 잦아서 가족들은 그를 돈에 대한 감각이 없는 사람으로 생각하기도 하였다. 그가 경제적으로 욕심이 없거나 절박하지 않아서가 아니라 늘 주위에 자신보다 더 어려운 사람이 먼저 보였던 탓도 있었다. 그래서 그는 빈 주머니로 돌아와 허허 웃으며 가족들의 타박을 받을지언정 자기 욕심을 챙기기에 앞서 그들을 돕고 차라리 마음 편한 쪽을 택했는지 모른다. 그리고 이러한 습관은 그가 자기 욕심을 채우는 일보다 어려운 사람을 돕는 일에 더 관심이 많았음을 보여준다.

그 대신 광영은 가난한 처지를 비관하는 성격이 아니었다. 그 시절 그

정도의 가난은 진짜 부자들이 아니면 대부분의 도시인이 겪는 일이었다. 오히려 광영은 아버지가 없었기 때문에 그에 대한 설움이 컸을 것이다. 그리고 어머니와 형, 누나가 힘들지만 돈벌이를 계속하고 있었기 때문에 큰돈은 없었지만 필요하면 적은 용돈을 가질 수가 있었다. 또 욕심이 없었기에 그는 일찍부터 여유만만한 태도를 가졌던 것이다. 식구들은 '철없는 막내'를 이해할 수 없고 답답했겠으나 광영은 그런 방식으로 세상에 눈을 떴다. 그리고 또래들보다 넓은 세상에서 일찍부터 철이 들었다.

이오순은 마냥 고생하고 자란 막내가 안쓰러웠다. 반대로 악착같이 살아가는 형들에게는 골치 아픈 사고뭉치 동생이었다. 마음만 먹으면 얼마든지 공부를 따라잡을 수 있음에도 광영의 성적은 중간 정도였다. 큰형은 일찌감치 돈을 벌어보겠다고 외지로 나가 있었고 나머지 두 형은 철이 들어 공부를 열심히 해서 가난을 벗어나겠다는 목표를 가지고 있었는데, 광영은 그런 형들과는 다른 삶을 살고 싶었다. 그에게는 학교가 아닌 더 넓은 세상이 필요했다. 그래서 학교 공부는 안 하면서도 눈에 띄는 책은 다 읽어낼 정도로 책을 좋아하였다고 한다.

진학을 포기하고 노동자로 살다

광영은 효제국민학교와 경신중학교를 졸업하고 단국공고 기계과에 합격했다. 그러나 그는 가난한 집안 형편에서 자기까지 계속 공부할 이유를 찾지 못하였다. 어머니와 누나가 고생하는 모습을 저 나름대로는 내심 마음 아프게 생각했던 모양이다. 그는 여린 성정을 가지고 있었고 공부에 큰 관심이 없었기에 빨리 사회에 나가 가족을 돕고 싶었다.

"빨리 돈 벌어서 차라리 공부하는 형들을 뒷바라지할래요."

그는 어머니께 이렇게 말하며 진학을 포기했다고 전하였다. 광영이 계속 공부를 하겠다고 주장했다면 가족들은 말리지 않고 어떻게든 방법을 찾아 뒷바라지했을 것이다. 그러나 그는 우선 그렇게 모진 성격이 아니었다. 엉뚱한 건지, 철이 없는 건지 잘 모를 막내다운 결정이었다. 어쩌면 그의 호기심을 채우기에 학교라는 틀은 너무 좁았는지 모른다.

중학교를 졸업했을 때 광영의 나이는 열여섯 살이었다. 이후 1974년부터 1979년 군 입대 전까지 광영은 6년 동안 닥치는 대로 여러 가지 일을 한다. 당시 청소년 노동은 일반화되어 있었으니 이상할 일은 아니었다. 그러나 일하는 청소년에 대한 처우는 형편없었다. 일을 가르친다는 조건으로 월급도 없거나 푼돈을 받는 일이 비일비재하였다. 고용주들은 기본적인 인권의식이나 근로 조건을 마련해 줄 생각은커녕 전쟁을 겪으

1985 송광영

며 아득바득 살아온 탓에 제 욕심을 차리기 급급하였다.

광영의 첫 직장은 양복점이었다. 아마도 양복 재단 기술을 배우면 빨리 자리를 잡을 수 있다고 생각했던 것 같다. 실은 그 당시 섬유 관련된 일자리가 가장 많기도 했다. 1980년대 우리나라 가난한 사람들 대부분이 섬유산업체에 종사했다고 해도 과언이 아닐 정도로 온갖 섬유산업이 전국적으로 부흥했다.

어린 광영은 인생의 첫 직장부터 많은 어려움을 겪는다. 잔심부름하면서 일을 배우기는 어렵다. 여기에 보수도 적고 노동시간은 길었던, 심지어 학력이 낮을수록 사람대접을 기대할 수 없는 시절이었다. 그의 노동은 순탄하지 않았는데 여기에는 그저 묵묵히 따르지 못하고 반항하는 광영의 성정도 한몫했다. 더구나 그는 아무리 순한 사람도 한 번쯤은 반항심을 가질만한 십 대의 나이였다. 그는 일하며 세상을 배웠다. 그가 느꼈을 세상은 호락호락하지 않았을뿐더러 모순과 부정이 가득 찬곳이었다. 광영이 여러 직업을 전전할 수밖에 없었던 이유는 불안정한 고용 상태일 수밖에 없는 그의 처지와 답답한 것을 싫어하는 그의 성정이 만나면서 이루어진 결과였다.

그는 1975년 양복점을 그만두고 청계 평화시장 피복공장에 취직한다. 이종사촌이 경영하는 가내 수공업 규모의 작은 공장이었다. 그곳에서 그는 미싱 보조와 시다 생활, 잔심부름을 하게 된다. 전태일처럼 시간이 지나면 재단사가 되고 자기 가게를 갖는 사장이 될 거란 꿈을 꾸었을 수도 있는데, 결과적으로 보면 그의 꿈은 달랐던 것 같다. 그러나 그는 한창 친구가 필요한 청소년기였기 때문에 주변에 아무것도 가진 것이 없는 어린 노동자들과 친구가 되면서 많은 영향을 받았다. 당시 청계천 일대는 청계피복노동조합이 활발하게 활동하고 있었다. 일종의 야학인 노동 교실이 열려 퇴근 후 노동자들이 그곳에서 자주 모였고, 노동조합 투쟁의 결과로 야간 노동시간을 단축하는 성과를 내기도 하였다.

어떤 경위였는지, 송광영의 분신 후 약력에는 '청계피복노동조합 활동'이라는 내용이 한 줄 꼭 붙어 있었다. 광영이 공장 생활을 할 무렵 청계피복노조의 활동이 워낙 활발했고 광영도 거기에 연결되어 있었을 가능성이 있다고 본 것 같다. 어쩌면 광영은 직접 노조 활동에 참여하면서 의식이 깨어난 노동자로 살았을지도 모른다.

광영이 일할 무렵 조영래는 전태일 평전을 쓰기 위해 공장을 드나들고 있었다. 그리고 1975년은 청계피복노조가 이소선을 중심으로 활발히 활동하던 시절이었다. 청계피복노조는 노동시간 단축을 요구하며 농성투쟁과 같은 싸움을 하고 노동 교실을 열어 노동자 권리 의식 교육과 검정고시 준비를 도왔다. 대학생과 재야단체에서는 그 무렵 전태일에 대한 상당한 부채의식을 가지고 있었다. 전태일이 근로기준법을 공부하면서 '대학생 친구가 하나 있었더라면' 하는 바람이 있었기 때문이다. 그래서 여러 지식인들이 청계노조에 각별한 애정을 쏟았고, 노동자들은 노동조합과 노동 교실을 학교로 생각하며 힘을 얻고 친구를 얻었다.

소년 노동자 송광영은 전태일과 비슷한 처지에서 그들과 땀 흘리며 일했다. 노동자의 현실과 노동조합의 필요성을 온몸으로 외친 전태일의 삶은 책이 나오기 전에 여러 형태로 전해지고 있었다. 그래서 송광영은 노동자 시절 그의 일기라든가, 고뇌의 기록들을 접했을 가능성이 있다. 대학에서 그는 전태일 이야기를 자주 꺼냈다고 한다. 그를 좋아하고 존경한다고 말하며, 전태일 정신을 계승해야 한다고 학생들에게 말하곤 하였는데 이 외에도 광영은 잠시 인천에서 살면서 신문팔이, 와이셔츠 장사 등 여러 가지 잡일을 한다. 어떨 때는 어머니를 돕겠다며 같이 돗자리 장사를 나선 적도 있다. 그가 직접 기록을 남기지 않았기 때문에 각각의 일들이 어떻게 연결되었는지, 왜 6년 사이에 자꾸 하던 일을 그만두고 다른 일을 했는지 자세한 이유는 알 수가 없다. 그저 우리는 훗날 광영의 몇몇 말과 행동에서 그가 함께 일한 사람들과 가슴 아프게 교감하였고 고민했음을 짐작할 따름이다.

거칠고 힘들게 살면서 그가 보았을 세상을 짐작해 보면, 여러 장의 흑백 영화가 펼쳐진다. 우선 광영의 주위에는 어린 나이부터 생업 전선에 뛰어든 그와 친구들이 많았다. 어린 여성들과 나이 어린 노동자도 있었고, 그들을 함부로 대하는 어른들의 모습도 있었을 것이다. 70년대에는 인권의식과 노동자 권리가 거의 전무하다시피 했기 때문에 광영의 주변에는 온통 그를 무시하고 업신여기는 사람들로 가득했다. 당시 일하는 노동자는 공돌이, 공순이라 부르며 무시하는 풍토가 있었다. 도시 빈민의 주거지는 형편없었다. 서울이 개발되면서 곳곳에서 판자촌 강제 철거가 진행되고 가난한 사람들은 한순간에 길거리로 쫓겨나야 했다. 일자리는 그나마 서울에 몰려 있으니 이들은 달리 갈 곳이 없어 겨우 몸만 뉘일 수 있는 판자촌에 들어가 살거나 거의 노숙을 하기도 했다.

서울 외곽에서 시내를 오가는 가장 중요한 운송수단은 버스였는데, 항상 만원이었다. 서로 밀치고 타지 않으면 놓치기 쉬웠다. 차비가 없는 대부분의 사람들은 한두 시간 정도는 걸어 다니는 게 보통이었다. 거리에는 가난한 구두닦이와 걸인이 많았고, 배고파서 굶주린 사람도 흔히 볼 수 있었다. 한창 세상을 알아 갈 호기심 많은 나이에 광영은 가장 낮고 험한 곳에서 세상을 배웠다.

노동자의 시선으로 세상을 배우다

그러던 세상이, 70~80년대에 들어서면서 서울을 중심으로 급변했다. 갑작스러운 도시화와 인구 밀집 현상이 일어났고, 모여든 사람들이 바삐 움직이면서 서울이 팽창하였다. 경공업 분야부터 중공업 분야까지 기계화가 도입되고 엄청난 노동시장이 만들어졌다. 노동현장에서는 존중은커녕 폭력이, 이해보다는 강압이 훨씬 더 컸던 시절이다. 송광영은 이 시기 자기 자신과 외부에서 존재하는 온갖 사회 모순에 정면으로 부딪친다. 평화시장 피복공장에서 시작한 시다 생활과 인천에서 했던 신문팔이 등, 연관성을 찾기 힘들 정도로 많은 일들이 폭풍 성장기에 벌어진다. 사람의 성장 시기에 가장 중요하다고 할 수 있는 청소년 시기에 온갖 일을 경험하면서 그는 사회성을 형성하게 된다. 특히 Y 셔츠 장사와 외판원, 그리고 어머니를 도와 잠깐 했던 돗자리 행상은 그가 모르는 사람과도 쉽게 친해질 수 있는 친화력을 형성하는 데 도움이 되었다. 그는 사람을 만남에 있어 서슴없었고, 쉽게 친해졌다. 배고픈 친구를 보면 집에 데려와 밥을 먹일 만큼 베풀기도 잘했다.

그가 만난 대부분의 사람들은 자기 자신처럼 가진 것 없고 소외된 사람들이었기 때문에 광영은 힘들고 가진 것 없는 처지를 서러워하기보다 주변의 어려운 사람들에게 더 시선을 보내고 공감했다. 그들이 받았던 온갖 부당한 대우를 목격하고, 혹은 그 자신이 직접 그런 일을 겪었는데 광영은 참거나 순순히 받아들이기보다는 대들거나 그만두는 쪽을 택한 것 같다.

그는 누구보다 사람들을 좋아했다. 그래서인지 주변에 있는 많은 사람들이 그를 잘 따르고 좋아했다. 어려서부터 가졌던 시원시원한 성격과 일단 행동하고 보는 실행력이 호감으로 작용하였을 것으로 보인다. 어려운 가운데서도 농담과 웃음을 잃지 않고, 자기보다 어려운 이를 보면 늘 도와주려고 했다. 반장을 했을 때처럼 누군가 어려움에 처해 있는 것을 그는 그냥 지나치지 못했다. 취직을 못 한 동료나 친구들이 부탁하면 자기도 일자리가 급한 처지면서도 먼저 일자리를 연결시켜 주곤 했다. 주머니에 돈이 생기면 그는 주변에 퍼주기도 잘했다. 특히 조카들을 예뻐하였는데, 조카들에게는 참으로 마음이 넓은 삼촌이었다. 삼촌 덕분에 난생처음 스케이트장에 가보고, 난생처음 야구장에 가본 조카는 "집에 있는 삼촌의 일기장에는 조카들이 귀엽다는 이야기가 잔뜩 쓰여 있었다"고 회상한다.

송광영은 몸으로 노동자의 세상을 배웠으며 나중에 대학생이 되어서는 이론으로 그 세상의 모순을 정리하고 싶어 하였다. 그 시절은 또한 광영처럼 가난한 민중의 삶을 보고 겪으며 세상의 모순에 의문을 갖는 사람들이 곳곳에서 출연하던 시절이다. 박정희의 서슬 퍼런 유신의 칼날 아래서도 민주주의를 위해 암암리에 싸우는 사람들이 있었고, 부당함을 폭로하고 싸우는 사람들이 있었다. 서울과 성남, 인천은 특히 그러한 싸움의 중심지였다.

1970년대 전후는 한국의 분단 상황에 맞물려 냉전 이데올로기가 사회 전반을 지배했다. 국내에서는 박정희가 장기집권을 위해 유신체제를 가동하며 군사 지배를 본격화하던 시절이었다. 4·19 혁명을 겪은 사람들은 군사정권의 총칼에 엎드려 있으면서도 민주주의에 대한 희망을 놓지 않았고, 지식인을 중심으로 시대와 양심의 목소리를 높였다. 저항문학과 이론들이 막 꽃을 피우고 있었고, 광영의 눈에도 이러한 목소리가 닿았을 것이다. 6년여의 사회생활은 광영에게는 학교 밖에 펼쳐진 교실이자, 치열한 민중의 생존 현장이었다. 거칠고 때론 정리할 수 없고, 계보를 따르지 않지만 누구보다 예민하게 세상을 바라보는 날카로운 시선을 가질 수 있는 조건이었다.

❖ 1970년대 전후 사회상

　1970년대 전후 민중들은 먹고살기에 바빴고 도시로 혹은 월남전과 해외 산업역군으로 나가 돈벌이를 해야 했으며 나이 어린 여성 노동자들은 공장에서 혹은 남의 집 식모살이, 버스 차장 등의 노동으로 가족의 생계를 거들었다. 지식인 사회에서는 유신체제에 대한 저항과 민족, 통일, 민주주의에 대한 지적 욕구가 폭발한 시기이기도 하다. 베트남 전쟁 파병 반대, 반 유신헌법 청원, 한일 문제 등에 대표적으로 목소리를 내던 「사상계」와 같은 잡지들이 발행되었고 널리 읽혔다.

　[김지하의 '오적'과 계훈제, 함석헌]
　김지하는 1970년 5월 「사상계」 5·16 특집호에 '오적'을 발표한다. 현대 시에 판소리를 접목한 담시라는 새로운 형식으로 300행이 넘는다. 이 시에서 시인은 그해 3월에 일어난 정인숙 피살을 정부 고위층의 스캔들로, 4월에 발생한 와우아파트 붕괴를 고위공직자의 부패에서 기인한 것으로 묘사하는 등 재벌·국회의원·고급공무원·군장성·장차관 등 당시 권력층을 을사오적에 비유하면서 5·16 이후 한국사회를 신랄하게 비판했다. 이로 인해 김지하는 수사기관에 연행되지만 잡지를 더 이상 시판하지 않는 조건으로 풀려난다. 그러나 그렇게 마무리되는 듯하던 사건은 당시 정권과 긴장 관계를 구축하고 있는 야당인 신민당 기관지 「민주전선」 6월호에 실리면서 대대적인 필화사건으로 불거진다. 6월 2일 중앙정보부에서 반공법 위반으로 김지하를 비롯한 사상계 대표와 편집장, 출판국장 등을 연행한 것이다. 사상계 동인으로 활동한 이들 중에는 계훈제, 함석헌, 장준하, 백기완 등이 있다. 이들은 월남파병 반대운동, 3선 개헌 반대운동 등 군사정권의 행보에 지속적으로 이의를 제기하며 박정희와 중앙정보부를 압박한다. 또한 지식인들의 각성을 촉구하고 저항에 정당성을 부여했다. 사상계 1967년 2월호에 실린 함석헌의 글 '저항의 철학'에는 저항의 본질에 대해 다음과 같이 적고 있다.

"사람은 저항하는 거다. 저항하는 것이 곧 인간이다. 저항할 줄 모른 것은 사람이 아니다. 왜 그런가? 사람은 인격이요 생명이기 때문이다.

인격이 무엇인가? 자유 하는 것 아닌가? 우선 나는 나다 하는 자아의식(自我意識)을 가지고, 나는 나를 위한 것이다 하는 자주하는 의지로써, 내 뜻대로 내 마음껏, 나를 발전시켜 완전에까지 이르자는 것이 인격이다.

완전이 어디까지인지 말로 할 수 없지만, 말로 할 수 없기 때문에 하나님이라, 하늘나라 하지만, 그 뜻을 말하자면 영원한 것이요 무한한 것이다. 영원·무한을 지향하고 자유 발전하여 나가는 것이 인격이다."

사상계가 폐간되고 뒤이어 '씨올의 소리'가 1970년 4월에 발행된다. 훗날 송광영의 구명과 장례에 힘쓰던 계훈제가 편집위원으로 있었으며 사상계의 계보를 이었다. 1943년생 이해학(주민교회 담임목사)이 한 인터뷰에서 "사상계를 읽으며 함석헌에게 역사신학을 배우고, 장준하에게 민족주의를 배우고, 남북관계와 주변 정치 흐름을 이해하게 되었다"고 말한 데서 보여지듯 이 계보는 한국 저항운동사에 상당한 영향을 끼쳤다.

1980년 격동의 시기를 관통하며 청년이 되다

1980년 광주항쟁은 한국 민주주의 역사에 있어서 크나큰 전환점이었다. 1970년대 말 2차 오일파동, YH 사건, 부마항쟁 등으로 정국은 뜨거웠다. 그리고 끝내는 1979년 10월 26일 대한민국 국가원수이자 18년 장기 독재자였던 박정희가 살해되는 사상 초유의 사건이 발생한다. 국민들은 크게 두 종류로 반응하였다. 각하의 서거 소식에 거리로 나와 슬퍼하는 사람들의 모습이 TV에 주로 비쳤는데 다른 한편에서는 군사독재 정권의 종말이 왔음에 기뻐하고 새로운 봄을 꿈꾸는 사람들이 있었다. 그러나 독재가 끝났다는 기쁨도 잠시, 12·12 군사반란으로 세력을 재규합한 전두환·노태우는 하나회를 중심으로 계엄사령부를 구성하고 정국을 장악한다.

독재정권이 끝났다는 사실은 비로소 본격적인 자유민주주의 시대가 도래할 것이라는 희망으로 이어졌다. 사람들의 기대감과 실제로 벌어진 자유조치로 인해 이 시기를 사람들은 '서울의 봄', '민주화의 봄'이라 불렀다. '서울의 봄'은 대학에 새 바람을 일으켰다. 신학기부터 각 대학에 학생회와 평교수회가 부활하고 긴급조치로 밀려났던 해직교수와 제적학생들이 학교에 복귀한다. 그런데 짧은 자유에 이어 곧바로 신군부가 등장하고 계엄령을 내리자 27개 대학 학생 대표들은 집회를 전개하기로 결의하고 1980년 5월 14일 광화문, 종로 등에 5만여 명, 15일에는 서울역 광장에 학생, 시민 20만여 명이 운집하여 계엄철폐, 민주화를 요구하는 시위를 벌였다.

그러자 군부는 1980년 5월 17일 24시 비상계엄을 전국으로 확대 실시했다. 계엄사령부는 모든 정치활동의 중지 및 옥내외 집회·시위의 금지, 언론 출판 보도 및 방송의 사전 검열, 각 대학의 휴교령, 직장이탈 및 태업파업을 금지시켰다. 이로써 정치인의 손발을 묶고 학생과 기층민중의 투쟁에 쐐기를 박은 데 이어 18일에는 김대중, 김종필 등 26명의 정치인을 학원, 노사분규 선동과 권력형 부정축재혐의로 연행하고 김영삼을 연금시키는 등 정치적 탄압을 감행했다. 언론을 통제하고 국민의 귀와 눈, 그리고 입을 막아버렸다.

그러나 광주에서는 민중들이 계엄령에 굴하지 않고 거센 항쟁을 벌였고 공수부대와 대립하였다. 뒤이어 공수부대는 광주시민에 총칼을 겨누고 무차별 학살을 감행한다. 시민들은 시민군을 조직해 광주를 해방 지역으로 만들기도 하면서 저항했으나 끝내 도청을 사수하지 못하면서 무너진다.

광주와 전라도 일대에서 벌어진 항거와 저항은 언론에 의해 철저히 통제되고 왜곡되어 전해졌다. 정보는 차단되었고 반정부 인사들은 반국가, 반체제 인사가 되어 목숨을 위협받았다. 또한 누군가는 의문사를 당했다. 강제 연행과 구속, 고문은 일상사였다. 전 국민의 민주화 요구와 바람이 총칼을 든 계엄군의 침탈에 다시 무너진 것이다.

무고한 국민의 피로 권력을 잡은 전두환이 1981년 3월 대통령에 취임한다. TV에서는 상업 광고방송이 시작되고 12월에는 KBO리그가 시작되어 프로야구 시대가 개막한다. 또한 이 시기는 독립운동이나 종교적인 헌신에서 영향을 받은 저항정신이 하나의 경향이자 학문, 이론으로 정립되기 시작하였다. 암울한 시대에 이 글들은 불온 서적이 되어 대학가를 떠돌았고 많은 이에게 영향을 끼쳤다.

1980년대 초 중앙정보부가 운동권 학생들이 영향을 받은 책들을 조사하면서 나온 서적 리스트가 있다. 당시 한양대 교수였던 리영희의 저작 3권, 즉 『전환시대의 논리』와 『8억 인과의 대화』, 『우상과 이성』이 각각 1, 2위와 5위에 올랐다. 리영희의 『전환시대의 논리』와 같은 저작들은 대학생과 지식인층에 세계 현실을 바라보는 비판적 시각을 제공하였으며, 송건호 등이 참여한 『해방 전후사의 인식』은 1970년대에서 80년대로 넘어가는 시기에 우리 근현대사에 대한 진보적 관점을 제시하였다. 한완상은 『민중과 지식인』에서 민중이 무엇인가를 물었다. 그리고 기층민과 연대하며 사회 변혁에 앞장서는 유기적 지식인의 자세를 촉구하였다. 이러한 일련의 저자와 저작들은 1980년대의 이른바 '사회과학출판'의 시대를 예비하면서 대학가에 크게 유행하였다.

송광영이 대학 혹은 이전의 사회생활에서 이런 책들을 접했는지는 확인되지 않는다. 그러나 그가 이 책들을 완독하지 않았더라도 이러한 견해와 사상이 의식 있는 대학생들에게 영향을 주었고, 그 역시 직간접적으로 영향을 받은 것은 확실하다.

군사정권이 아무리 정치를 억압하고 언론을 통제하여도 시대의 변화를 모두 막지는 못한다. 새로운 물결이 쏟아지는 시절이었으므로 송광영을 비롯한 청춘들의 삶 또한 마냥 흑백화면에 머무르지는 않았다. 광영도 조카들을 데리고 자주 놀러 다녔다. 그는 조카들이 인생 첫 스케이트장을 갈 수 있도록 데려가 주었고, 특히 프로야구 한국시리즈 첫 우승팀인 OB 베어스의 팬이어서 동대문운동장에 조카를 데리고 가서 경기를 관람하기도 하였다.

파란만장한 사회생활을 하던 광영은 1979년 방위병으로 군에 입대한다. 계엄령이 발동하였던 시기였으므로 아무리 방위병이라 하더라도 82년 제대할 때까지 그의 군 생활은 군부정권의 강한 영향력 아래 있었다. 대신 그는 집으로 퇴근할 수 있었기에 상대적으로 자유로운 시간 또한 가질 수 있었다. 이후 그는 대학 입학을 결심하였고 1학기 학교생활을 경험한 후 수업보다는 학생운동에 투신하는 방향으로 삶의 방향을 전환하였다.

어린 나이에 사회생활을 시작하였지만 광영에게 6년의 시간은 삶의 철학을 다지는데 매우 귀한 시간이었다. 그는 이론이 아닌 현실 한가운데서 세상을 향해 수많은 질문을 던졌다. 그리고 자신의 생각을 묵묵히 일기장에 적으며 고민을 정리하였다. 송광영은 서글서글하면서도 진중한 사람이었고, 가난에 익숙했으나 거기에 발목 잡히지 않는 자유로운 청년이었다.

군 입대와 검정고시

1979년 가을에 송광영은 방위병으로 군에 입대한다. 광영에게 군은 맞지 않았으나 그나마 집 근처 동사무소에 출퇴근하는 방위병이었기에 그럭저럭 버텨 제대할 수 있었다. 공교롭게도 정국이 가장 뜨거웠던 시절이다. 박정희가 죽고, 자유화의 바람이 세상을 바꾸나 싶더니 이내 광주에서의 학살과 계엄군의 총칼 아래 놓인 시절이었다. 또한 이 무렵에는 지역감정이 커져서 광주 전라도 출신들은 공공연히 무시를 당했다. 지역연고를 두고 벌어지는 프로야구도 지역감정이 커지는 데 한몫했다. 방위병 시절에 그는 군대와 집을 오가며 상대적으로 자유로운 상태에서 80년 서울의 봄과 민주화 투쟁을 목격할 수 있었다. 대학생과 노동자들 사이에서 조용히 퍼지던 고향 광주의 소식을 아마도 풍문으로 전해 들었을 가능성도 크다. 그리고 일설에는 그가 직접 시위에 동참하여 민주화의 목소리를 내기도 했다고 전한다.

광주의 모습은 신문과 TV가 떠들어 대는 '무장한 폭도들이 도청에 난입하여 벌인' 사건이 아니었다. 통신과 외부 교류가 완전히 차단된 상태에서 언론은 계엄군이 작성한 내용을 그대로 받아 적었고, 다수 국민들은 그것을 그대로 믿었다. 그러나 손바닥으로 하늘을 가릴 수는 없는 법. 광주의 진실은 조금씩 세상에 알려지게 되었고, 특히 광주 출신들은

이런저런 연고로 1980년 광주민중항쟁의 진실을 다른 사람보다 빨리 알
수 있었다.

그는 본래 자유로운 성격이었고, 군대와 같은 집단적이고 폭력적인 조
직 문화는 그와 맞지 않았다. 그는 제대 전 본대 훈련 때 무슨 이유인지
모르나 한겨울에 온몸이 발가벗겨진 채로 기합을 받는다. 그리고 기합
이 부당하다고 생각했는지 항의와 저항의 차원으로 제대까지 20일을 출
근하지 않았다. 즉 부대 복귀조차 하지 않고 버틴 것이다. 지금으로 보
면 탈영과도 같은데 '너희들 마음대로 해봐라, 나는 거부할 테다'라는 배
짱과 저항정신을 제대로 보여준 사건이었다. 이 사건이 가족에게 알려진
것은 집에서 벌금을 물게 되었기 때문이었다. 이렇게 밝혀진 일 말고도
송광영은 가족에게 알리지 않은 더 많은 사건 사고가 있었을 것이다.

그는 사람을 좋아했다. 그래서 타인이 겪는 불의를 그냥 두고 보지 못
하였다. 어려움을 겪는 사람을 보면 팔을 걷어붙이고 도와주려고 했으며
부당한 대우에 참지 않고 목소리를 냈다. 조직과 규율을 중시하는 시절,
이런 행동은 종종 마찰을 빚었다. 아기였을 때 어머니에게 업혀 있던 광
영이 땅으로 내려와 걷기 시작하자 감당하기가 힘들어졌던 것처럼 사회
생활을 하며 자유롭게 지내는 청년 광영 역시 가족들이 감당하기 힘들
어지고 있었다. 가족들은 어떻게든 광영이 보통의 평범한 젊은이처럼 살
면서 한 직장에서 조용히 일하다 일가를 이루기 원했다.

그래서 군 제대 후 가족들은 그에게 다시 공부를 권하였다. 단순 노동자로 사우디아라비아 파견 노동을 갔던 큰형이 한국에 돌아와 대학 진학이 꼭 필요하다고 거듭 이야기를 하자 어머니 이오순 역시 여기에 동의하였다. 큰형은 일찍부터 생활 전선에 뛰어들어 안 해본 일이 없었지만 어떻게든 대학을 나와야 사람대접을 받음을 알고 있었다. 그리고 둘째와 셋째 형 역시 광영이 공부해야 한다는 데 입장을 같이하였고, 어떻게든 학비를 보낼 의지를 내비쳤다. 둘째와 셋째 형들이 그랬듯이 광영 또한 안정적으로 취업해서 자리 잡기를 원했다.

6년여의 시간 동안 여러 업종에서 밑바닥 생활을 경험했던 송광영은 형들의 권유를 진지하게 고민했다. 그도 배움에 대한 열망이 있었고, 배우지 못한 사람에 대한 차별과 무시를 겪어 왔기 때문이다. 이에 광영은 중장비 기술을 배우는 한편 81년 8월에 치를 검정고시 준비부터 시작하기로 결정하였다. 중학교 졸업의 학력을 가진 광영이었기에 첫 번째로 먼저 고졸 검정고시에 합격해야 했다.

당시 서울 동대문 옆 신설동에는 검정고시 학원이 많이 모여 있었다. 그는 군 제대 후 81년 8월부터 그곳에서 검정고시 준비를 한다. 그런데 학원에서 조용히 공부하다 검정고시를 치르기를 바라는 가족의 기대와는 달리 광영은 또 한 번 크게 사고를 치고 말았다. 학원을 10일이나 결석하는 등 한동안 행적이 묘연했던 것이다. 나중에 알고 보니 그 이유는 바로 동료 학원생 때문이었다.

검정고시생 대부분은 낮에는 일하고 밤에는 공부하는 이른바 주경야독 생활을 하는 이들이었다. 대부분 가정환경이 불우하고 경제적으로 가난하였다. 광영은 그들을 안타깝게 생각하였다. 그런데 어느 날 광영의 학원 동료가 학원을 오다가 불의의 교통사고를 당하게 된다. 그는 어머님이 돌아가신 후 어렵게 철공소에서 일하면서 학업의 꿈을 꾸며 열심히 살고 있던 가난한 고학생이었다. 그런데 사고를 낸 가해자는 피해자를 만만하게 보고 도주하였다.

광영은 친구를 사망에 이르게 한 가해자를 찾아 백방으로 뛰어다녔다. 형편이 어려운 가족들은 아무리 억울해도 시간을 내서 하기 어려운 일이었다. 여기에 약 10여 일이 소요되었다. 하루 종일 바쁘게 돌아다니다 보니 학원 수업도 빠질 수밖에 없었고, 결국 가족들이 알게 되었다. 광영은 가해자를 찾아내고 그에게 보상을 받아 냈다. 그리고 친구의 유언에 따라 그를 먼저 돌아가신 어머니 무덤 옆에 안장시키고 나서야 집으로 돌아왔다.

광영은 심지어 친구가 적당한 보상을 받을 수 있도록 직접 변호사를 수소문했다. 가족보다 더 적극적으로 친구의 구명에 노력했던 것이다. 이후 소액이나마 보상을 받게 되자 변호사가 친구 유가족에게 "송광영에게 고마워해야 한다"는 말과 함께 인사를 꼭 하라고 말했을 정도였다. 자신의 일보다 더 적극적으로 친구 문제에 계산 없이 팔을 걷어붙이고 달려들었을 광영의 모습을 생각해 보면 훗날 그가 법학과로 진로를 정하게 된 계기가 이 일 때문이 아니었을까 짐작이 된다. 그가 이 일을 겪으면서 법 공부의 필요성을 느꼈고, 배우지 못하여 억울한 일을 당하는 사람들을 돕는 법조인의 길을 가는 것도 좋겠다고 생각한 듯하다.

광영은 함께 검정고시 공부를 했던 친구들과 대학에 들어가서도 친하게 지냈다. 그는 학교 검정고시회에서 총무를 맡는 등 적극적인 활동을 했다. 그래서 검정고시 준비 시절 일화가 하나 더 전해진다. 검정고시 학원을 옮긴 후 82년 4월, 광영은 착실히 공부한 끝에 태어나 처음으로 학원에서 주는 장학금 15,000원을 받은 일이 있었다. 라면이 100원, 짜장면 한 그릇이 500원이던 시절이었으므로 지금으로 보면 최소 15만 원이상 되는 금액이다. 가난한 그에게 결코 적은 돈이 아니었다. 그런데 광영은 기분 좋게 집으로 돌아오는 길에서 만난 한 구두닦이에게 그 돈을 줘 버렸다. 구두닦이와 이런저런 이야기를 하다가 그가 집도 없이 길거리에서 자며 구두를 닦으며 살아간다는 이야기를 들었던 것이다.

집에 돌아와 광영은 아무렇지 않은 듯 이 이야기를 하였고, 그 말을 들은 어머니 이오순은 기가 막혀서 "어려운 집안 형편을 뻔히 알면서 어떻게 그럴 수 있느냐"고 야단쳤다. 그러나 광영은 오히려 당당히 "그래도 우리는 잘 곳이라도 있잖아요. 그 아이는 집도 없이 가난한데…" 이러면서 어머니를 위로했다는 이야기가 있다.

광영이 검정고시 준비를 하는 시기에도 광영의 가족은 살림이 폈다고 보기 어려운 가난한 생활을 하였다. 이오순은 한동안 세창상회 하꼬방에서 단체 합숙을 하며 살았고, 다섯 자녀들은 이런저런 이유로 흩어졌다 모이기를 반복하였다. 그러다 이오순이 판잣집을 구하여 가족들이 그곳에서 살았고, 광영이 대학을 갈 무렵에는 삼양동에 있는 다 쓰러져 가는 집을 사서 살고 있었다.

광영은 주위에 더 가난한 사람을 돕는 일에 관심이 컸기 때문에 자신의 가난이 부끄럽지 않았다. 어쩌면 그는 그들보다 많은 것을 가지고 있다고 생각하였는지도 모른다. 그는 무언가를 가지고 있으면 더 어려운 사람에게 선뜻 내어주었다. 다 쓰러져 가는 집에도 친구들을 데려가 밥을 먹이고 어쩌다 생긴 귀한 장학금을 구두닦이에게 모두 주어 버리는 기이한 행동은 그가 얼마나 의로운 사람이었는지 보여준다. 그는 자신의 처지를 비관하느라 허송세월하지 않았으며, 오히려 도움이 필요한 사람들에게 먼저 손을 내밀고 말을 걸었다. 구두닦이에게 다가가 대화를 하지 않았다면 어찌 그가 집도 없이 아무 데서나 자는 처지인 줄 알았을까.

광영 또한 검정고시 준비와 함께 일을 해야 하는 처지였지만 상대적으로 선택에 여유가 있었던 것으로 보인다. 광영의 검정고시 시절에 대한 기억은 크게 두 갈래로 엇갈린다. 먼저 열사정신을 강조하며 사회 활동 시기부터 민주화운동을 시작했다는 견해에서는 그가 청계피복노조 활동을 포함해 사회운동과 계속 연이 닿아 있었고, 검정고시를 준비하는 시기에도 종종 집회와 가두시위에 참여했다고 주장한다. 이 주장으로 보면 그는 투쟁의 한 방편으로 대학 진학을 결정했을 가능성이 있다. 경원대학교 법학과에 입학 후 1학년 2학기라는 짧은 시기에 학내 시위를 주도하는 운동권 학생이 된 상황을 이해하기에는 이러한 주장이 설득력이 있다.

그러나 반대로 그의 인간적인 면모에 주목하는 주장도 있다. 그는 가족, 특히 어머니를 걱정하고 돕고 싶어 했던 착한 막내였다. 그는 평범한 막내였고 그래서 가족의 권고를 진지하게 받아들이고 안정되게 먹고 살기 위하여 대학 졸업장을 따라는 형제의 권고를 받아들였다고 본다. 광영의 시대정신은 대학에 가서 여러 이론 문건과 사회주의 서적을 접하는 가운데 형성되었으며, 다만 이른 사회생활의 경험이 저항 문화를 빨리 받아들이는 계기가 되었다는 것이다.

특히 그가 이론보다 실천을 강조하는 입장이었던 이유가 운동권 문화를 이론으로 접하지 않고 오랜 민중, 노동자의 삶에서 자연스럽게 공감하면서 얻었기 때문이라고 보는데, 그와 깊이 대화를 나눈 후배들은 그 모든 말과 행동이 대학에 와서 형성되었다고 보기에는 굉장히 깊고, 다양하고 심지어 엉뚱하기까지 했다고 한다. 그래서 입학 전 사회운동에 깊이 관여했거나 최소한 여러 곳에서 참관하였다는 주장에 주로 힘이 실리고 있다.

물론 그의 분신을 전혀 예상 못 한 갑작스러운 결정이라고 보는 입장도 있다. 그는 그저 따뜻하고 사람 좋아하는 사람이었는데, 대학에 와서 접한 여러 이론과 운동권의 저항 문화를 접하면서 보다 적극적으로 실행하는 사람이 되었다는 것이다. 진실이 어느 쪽에 있었건 그는 이제 송광영 선배나 송광영 형, 경원대 84학번 송광영이 아닌 송광영 열사로 우리 곁에 있다. 그리고 십 대를 지나 이십 대라는 뜨거운 나이에 가난하고 고단한 이웃에게 공감하고 늘 그들을 돕고자 했던 송광영으로 기억되고 있다.

그가 분신을 택하지 않고 살아 있었다면 어떤 모습일까? 지금 시대의 모습을 보면서 어떤 말과 행동을 했을까? 궁금한 것이 많지만 죽은 사람은 말이 없고 열사의 글과 기록은 사라졌다. 그 시절의 광영과 친했던 많은 사람들의 기억 또한 매일 바쁘게 살아가는 현실 속에서 조금씩 잊혀지고 혹은 왜곡되거나 뒤섞여서 어느 것이 정확한 기억인지 알기 어렵다.

예를 들어 그의 검정고시 동료가 한 추모제에서 열사가 1982년 검정고시 때 도서실에서 공부하다 옆 친구에게 했던 말이라며 들려준 말이 있다.
광영이 "내가 투쟁하지 않으면, 또 당신이 투쟁하지 않으면 누가 하겠는가?"라고 말하며 "국가에 대한 올바른 비판과 질책을 함으로써 국가가 올바른 길을 가도록 인도하는 것이 정도가 아니냐"고 말했다는 것이다. 그의 증언대로라면 열사는 검정고시를 준비하기 전부터 국가를 향하여 투쟁하고 최소한 지식인의 책임을 다하려고 했다.

결국 기억은 다른 기억과 섞이거나 편집되고 끝내는 누군가의 편의대로 왜곡된다. 그래서 우리가 알 수 있는 송광영은 하나의 모습으로 정리해서 말하기 어렵다. 그가 세상 안에서 흔들리고 치열하게 고뇌하는 한 사람이었음을 우리는 우리들의 모습에서 바라본다. 그리고 주위 사람들을 사랑하고 아끼는 사람이었음을 그를 사랑했던 사람들에게서 듣는다. 끝으로 폭압에 굴하지 않고 끝까지 싸웠던 사람들로부터 그의 높은 저항정신과 투쟁 의지를 엿볼 수 있다.

　광영은 결국 청계 공장 노동자들이나 광주에서 도청 사수를 위한 마지막까지 저항했던 사람들과 다르지 않다. 그가 몸과 마음을 둔 세상은 어머니와 형제들을 포함해 가난하고 배우지 못한 사람들이 살아가는 세상이었다. 또한 그는 늘 아래를 보는 사람이었기에 가난한 민중을 위하는 삶 혹은 더 나은 세상을 위해 무엇을 할 것인가 고뇌하는 삶을 살았다. 왜냐하면 그는 우리 안에서 살아 있는 사람이기 때문이다.

　장사꾼으로, 노동자로 살아간 송광영 또한 우리가 공감하는 시대의 그림 속에서 존재한다. 마찬가지로 경원대학교 법학과에 입학하면서 세상의 부조리에 질문하고, 답을 찾는 그의 발걸음을 80년대와 90년대 뜨겁게 학생운동에 투신했던 우리들의 마음 안에서 발견할 수 있다.

3

대학 시절, 고뇌와 결단(1984-1985)

그는 학교에서 구두닦이를 할 정도로 타인의 시선을 신경 쓰지 않았다. 걱정하는 가족들에게 "나는 형처럼 살지 않겠다. 나는 거지로 살겠다"라는 말을 하기도 했다. 민중의 삶, 노동자의 삶에 자신의 자리를 둔 것이다. '거지'라는 표현에는 아무것도 소유하지 않는, 무소유를 지향하는 철학이 담겨 있었다. 한번은 승려가 되려고 송광사에 찾아갔다는데 그의 무소유 주장이 말뿐이 아니었음을 보여준다.

경원대학교 법학과 84학번 입학

82년 그는 외판원을 하며 검정고시를 치렀고, 첫 번째 대입 시험에 낙방한다. 공부를 제대로 해본 적이 없었기 때문이다. 한 번의 시험을 치러보니 어떻게 하면 좋은 성적을 받는지 알 것 같았다. 그래서 그는 가족들에게 '재수를 시켜주면 서울대학교에 갈 자신이 있다'고 말하며 자신감을 피력한다. 늦게 공부의 재미를 알았기에 딱 1년만 더 공부하고 싶다고 심경을 밝혔다. 그러나 가족들은 '대학교 졸업장' 취득이 목표이므로 아무 데라도 들어갈 수 있는 대학에 가라고 그를 설득한다. 속이 상했는지 그는 가족의 말을 듣지 않고 울산으로 내려가 책 외판원 생활을 하기도 하며 시간을 허비하였다. 울산에 있는 대학들을 다니며 대학생의 모습이 어떤지 지켜보기도 하면서 광영은 진학을 결심한다. 83년 후반기 정도가 되어 그는 다시 서울에 올라와 공부에 집중하였다. 중학교 때도 성적이 좋은 편이 아니었으나 이 시기 꽤 깊이 있게 공부한 것으로 뵌다. 결국 대학 중에서 그가 입학한 곳은 성남시에 소재한 신생대학인 경원대학교의 법학과였다. 경원대 법학과 84학번, 입학 당시 그의 나이는 만 27세였다.

경원대 법학과는 83년에 첫 신입생을 받았기 때문에 84학번 송광영에게 선배는 2학년뿐이었다. 보통 대학문화는 학과와 서클 단위로 형성되었는데 광영은 그를 이끌어줄 선배들이 거의 없는 상태에서 학교생활을 시작하였다. 40명 정원의 법학과에는 크게 두 그룹의 학생들이 있었다. 첫째는 나이 많은 고학생들이다. 검정고시 출신이거나 이런저런 사회생활을 하다 공부하러 온 늦깎이 학생들로 이들은 다시 고시공부에 매진하는 친구들과 일과 학업을 병행하는 가난한 친구들로 나누어졌다. 두 번째는 고등학교를 졸업하여 바로 입학한 동생들인데 한참 어린 동생들이었으나 몇몇은 그의 말에 귀를 기울여 그가 좋아했다. 여기에 더해 광영은 법학과가 아닌 인문대, 경영대 학생들과도 스스럼없이 친해졌다. 그는 워낙 붙임성이 좋았고 학교에 오래 머무는 학생들끼리는 서로 바둑을 두거나 공을 차는 등 여유 시간을 같이 보내며 서로 교류할 수 있었기 때문이다. 이 중에서도 광영과 특히 친해진 사람은 2학기 때 법학과 어용교수 퇴진 시위에 함께 뜻을 모은 친구들이었다.

한편 그는 입학 후 곧 경원대학교에 실망한다. 그가 만난 대학은 밖에서 보던 이상적인 모습이 아니었기 때문이다. 대학은 그가 기대하던 뜨겁게 지식을 논하고 깊이 있게 토론하는 곳이 아니라 그저 졸업장을 위해 시간을 보내는 곳처럼 보였다. 특히 경원대학교는 신생 학교라 부실한 곳이 한두 군데가 아니었다. 교수 한 명이 본인 전공 외에 이 과목 저 과목 가르치거나 수업 중에 이상한 소리를 하여 학생들의 공분을 사는 등 교수진에 대한 학생들의 불만도 많았다. 학생 편의 시설도 터무니없이 부족하고 형편없었는데 그래놓고 등록금은 똑같이 받았다. 그래서 법학과 1학년 생들은 일찍부터 학생의 권리를 주장하며 목소리 내서 어용교

수 퇴진을 외쳤다. 이때 광영도 그들과 함께했다. 그가 다부지게 서서 구호를 외치면 잘 모르는 학생들은 최고 학번 형인 줄 알고 인사를 했다.

당시 경원대는 학생운동이 아직 생소할 때였다. 그러나 광영은 집회·시위에 익숙한 모습을 보여 주위에서 이상하게 생각하였다. 대학가는 나이보다는 선후배의 위계가 철저한 공간이었다. 그런데 이런 문화에서 신입생인 1학년이 시위대의 앞에 서 있으니 이상하게 보이는 게 당연하다. 그렇게 송광영은 사람들에게 눈에 띄는 이상한 1학년으로 기억되었다. 그가 아무리 나이를 먹어 학교에 들어왔고, 입학 전 직간접적으로 외부의 집회·시위를 경험했다 하더라도 학번제가 견고한 대학에서 웬만한 강단이 아니면 1학년이 나서기는 어려운 일이었기 때문이다.

특히 인상적인 일은 1학년 2학기 9월에 불거진 법학과 어용교수 퇴진 시위였다. 그는 어용교수 반대를 소리 높여 외치고, 대자보를 붙이고 유인물을 몰래 뿌리는 일에 익숙했다. 동생과 동기들에게 방법을 일러주며 그는 강의실보다 집회장에서 더 즐거워하는 모습을 보였다. 가끔 강의실과 서클실에서 큰 소리가 나기도 하였는데, 광영이 옳지 않다고 생각하는 부분이 보이면 주저 없이 이야기하고 문제를 제기하였기 때문이다. 그 모습은 다부지고 기개가 높았다. 1학기 송광영의 성적표를 보면 나름 학교 수업에 적응하려 노력한 듯한데, 2학기부터는 대학 생활에 회의를 느꼈는지 성적이 전혀 나오질 않는다. 아마도 시위 후 강의를 듣지 않았거나 시험을 거부했기 때문이 아닐까 한다.

그래서 1984년 2학기부터 1985년 송광영을 기억하는 사람들은 그를 강의실이 아닌 다른 곳에서 주로 만났다고 기억한다. 그들이 본 광영은 C동 앞에서 바둑을 두거나 누군가가 시작한 술자리에 함께하거나, 집회장에 각목을 들고 서서 집중하는 모습, 서클실에 앉아 노트에 무언가를 적는 모습 등이고 기억이 바래져 시기 또한 많이 엇갈린다.

그중에 다른 대학교에서 시위를 하다 제적되어 다시 시험을 보고 입학한 학생의 기억이 신선하다. 그는 기독교 운동을 하다 제적되어 재입학하면서 학생운동을 주된 목적으로 생활하였기 때문에 집회장에 참여한 학생들을 유심히 보는 편이었다.

"85년 4·19 집회에서 광영이 형을 처음 본 거 같아요. 그날 우리 주장은 '전두환 방미 반대와 성남지역 협진양행 노조탄압 반대'였죠. 그렇지만 서울대 프락치 사건의 여파로 학내에 프락치가 있다 어쨌다 해서 운동권끼리도 서로 경계를 많이 하는 분위기에 많은 학생이 참여하지는 못했어요. 집회를 하면 늘 보아 온 익숙한 사람이 주로 나오는데 그날 너무 낯선 사람이 있는 거야. 근데 또 머리에는 공사장 인부들이 쓰는 헬멧을 쓰고 있었어요. 나중에 알고 보니까 그게 일본의 전공투가 했던 모습이라는데, 좀 놀랍고 그랬죠. 또 이 형이 외부에 무슨 연이 닿았는지 타 학교 학생들이 시위에 결합하기로 했다고 했는데 결국 그 학생들은 안 왔어요.

그날 저는 성남서에 잡히게 되었죠. 그때 조서를 작성하다가 화장실이 급하다고 했더니 전경하고 같이 가라고 하더라구요. 그때 광영이 형을 화장실 앞에서 마주쳤어요. 형의 여유로운 모습이 기억나요. 저를 보고 '야, 걱정하지 마' 하고 웃더라고요. 알고 보니 형은 전날 먼저 잡혀 왔었구요. 같이 잡혀 왔던 선배 중에 고무신을 신고 있던 형이 있었는데 그 형은 부모가 없다는 이유로 더 맞았어요. 간첩이라면서 막 때리더라구요. 그 형이 많이 맞은 덕분에 제가 좀 덜 맞은 거 같아요. 그때 광영이 형은 어떤 모습이었는지 잘 기억나지 않지만 아무튼 제 기억에 광영이 형은 참 이상하고 알 수 없는 사람이었어요."

경원대학교가 타 지역에 비해 여러 가지로 부족하고 운동권 문화의 전파 또한 늦었다고 하나 사실 주변의 변화를 못 따라갈 정도로 학생들이 사회 문제에 무관심한 것은 아니었다. 비록 소수였으나 서울권 대학생들의 움직임을 접하는 연결고리가 있었고 저마다의 방식으로 운동을 전개한 이들이 있었다. 1984년 1학기와 2학기는 그런 면에서 큰 의미가 있던 시기였다. 그동안 계엄군의 군홧발에 주눅 들었던 사회, 특히 대학가가 조금씩 기를 펴고 목소리를 내기 시작하였기 때문이다.

사실 사회 문제에 대한 투쟁의 신호탄은 민중생존권 투쟁과 노동진영에서 먼저 나왔다. 도시개발이라는 미명하에 목동 상계동 지역에서 일어난 강제 철거에 대규모 철거민 투쟁이 있었고, 여기에 대학생들이 결합하였다. 노동계에서는 청계피복노조를 비롯한 노조 합법화 투쟁이 일어나 정국을 흔들었다. 청계피복노조는 1970년 전태일의 분신 후 조직되어 끊임없이 해체 위협을 받으면서도 명맥을 유지하는 노동운동의 상징 같은 존재였다. 이들은 1984년부터 1985년 무렵에 왕성한 활동을 하였고, 대학생들이 결합하여 동대문 등에서 대규모 가두시위를 진행하기도 하였다. 광영은 여기에 독자적으로 참여하였다.

또 성남에서는 1985년 봄 협진양행의 노조탄압에 맞서 서울대학교 학생들이 결합한 대규모 횃불시위가 전개되기도 하였는데 이를 계기로 성남시 노동운동계와 경원대학교, 서울대학교 등 여러 단위가 서로 연대하는 계기가 되었다. 그러나 투쟁은 서로 믿고 연대해야 함에도 서울대 프락치 사건이 있은 후에 서로 믿지 못하고 프락치로 의심하고, 실제로 프락치들이 정보를 형사들에게 보고하고 방해 활동을 하면서 뜻맞는 사람들을 조직하기가 쉽지 않았다.

그럼에도 광영은 나름대로 1학년 2학기부터 자신과 함께할 사람을 모으기 위해 여러 가지 시도를 하였다. 그러나 사회 경험이 없는 어린 동생들과 공부와 생활고를 동시에 해결하느라 바쁜 가난한 고학생, 사회과학 서적 몇 권 읽고는 이론 논쟁에 몰두하는 대학생들 사이에서 그에게 딱 맞는 조직은 없었다. 1학년 때부터 타 학과 학생들과 교류하면서 직접 실존주의 철학연구회를 만들고, 경제문제연구회를 만들고, 또한 검정고시회 총무를 하며 교류를 넓혀 보았지만 긴 싸움, 혹은 평생을 두고 함께 할 진정한 동지를 찾지 못했던 것으로 보인다. 말하자면 무척

외로운 투쟁가의 삶이었던 것이다.

　　그 사이 그는 학교가 주목하는 요주의 운동권 학생이 되고, 학내에 상주해 있던 성남경찰서 정보과의 감시를 받기 시작한다. 당시 경찰서는 경원대 학생들이 운동을 한다고 하면 일단 무시부터 하였다. 그러면서도 운동권 학생의 운신 폭을 좁히기 위하여 가족들에게 연락을 하는 등 온갖 방법으로 그들을 괴롭혔다.

　　일반적으로 법대생은 고시반에 들어가서 장학금을 받으며 조용히 학업에 열중하다 졸업 후 취업이 어느 정도는 보장되는 조건이었다. 그런데도 광영은 평범한 길을 두고 일찍부터 학생운동에 투신하는데, 그로 인해 스스로 많은 고민을 하였다. 어려운 형편에서 비싼 등록금을 대준 가족들을 생각하면 현실을 묵묵히 받아들여야 했고, 조용히 졸업하는 수밖에 없었다. 그러나 광영은 민중에 대한 책임감을 가진 지식인이 되고 싶었지, 일신의 편안함만을 추구하는 비겁한 삶을 살고 싶지 않았다.

　　그래서 그는 1학년부터 세상의 불의에 저항하고 양심의 소리에 맞게 움직이려고 노력했다. 고단하고 앞도 보이지 않아 어둡지만 누군가는 반드시 가야 하는 길이었고 비록 안락한 삶을 포기하더라도 시대의 요구에 부응하는 길이었다. 평생 고생하신 어머니를 생각하면 마음이 아팠지만 대의를 위해 일하는 것이 결국은 어머니의 주름살을 펴 드리는 일이라고 생각하였다. 왜냐하면 그가 민중의 편에 설 때 가난 속에 늘 힘들게 사는 어머니의 주름살이 펴지고, 사회에서 만난 노동자 친구들의 배고픈 일상이 바뀔 수 있기 때문이다. 어려서부터 하고자 하는 일은 망설이지 않고 실천하는 광영이었다. 편한 길을 두고 거칠고 고된 길을 선택하는 데는 힘겨운 고민이 있었겠으나 일단 선택한 후로 그는 뒤돌아보지 않고 앞으로 나아갔다.

대학에서 그는 늘 지식에 목말라하는 한편, 여러 단위와 교류하면서 세상 바깥의 정보를 가져왔다. 학생 동지들이 연대하고 실천하기보다는 문건을 들고 갑론을박하는 운동권 문화를 비판하기도 하였는데, 그러면서도 해박한 이론에 목말라 하기도 하였다. 운동가들 중에서 여러 유형의 사람들을 보며 모델을 찾기도 했으나 그가 기댈 곳은 동료 학생들이었다. 그러나 그의 눈높이는 신생 학교가 품기에는 높았다. 그래서 여러 노력에도 불구하고 송광영은 자신과 함께할 사람을 모으는 데는 어려움을 겪었다. 함께 가시밭길을 가자고 손 내밀기 어려웠던 탓도 있을 것이다.

여러 증언으로 보아 광영은 여러 사람들과 두루 교류하며 넓은 인간관계를 가졌던 사람이다. 그러나 그가 열사가 된 후, 사람들은 그의 이름을 아프게 떠올렸다. 결과적으로 보면 깊이 있게 만나는 사람은 얼마나 되었을까 궁금하다. 그가 아무리 선구적인 생각을 가지고 있었더라도 그저 평범한 한 사람의 인간이었기에 홀로 앞장서기는 버거웠을 것이다. 그래서 그는 자신의 분신이 다음 사람들이 함께 모여 싸우는 계

기가 되길 바랐고, 이 마음을 담아 '경원투사들에게'의 글자 하나하나를
적어 내려갔을 것이다.

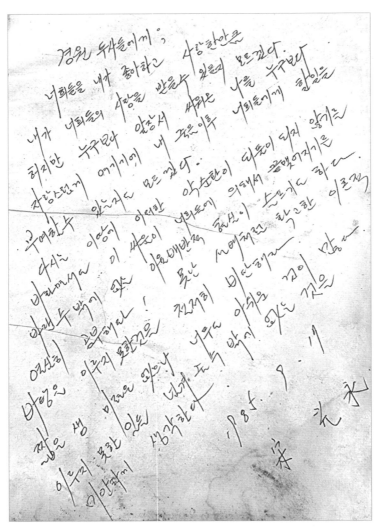

경원투사들에게 친필

투사의 길을 택하면서 그의 마음에는 늘 어머니가 아프게 다가왔다. 행상을 하며 추운 날과 더운 날, 온갖 궂은 날에도 일을 쉬지 않았던 어머니. 오직 자식 잘되기를 바라며 뒷바라지에 여념이 없는 어머니를 생각하면 모든 일이 죄송하였다. 어머니도 세상에 눈을 뜨면 이해할 거란 생각에 만날 때마다 조금씩 운을 띄워 보았지만, 돌아오는 것은 "대학생이 돼서 공부는 안 하고 데모나 하고 다니면 못 쓴다"는 만류와 엄청난 반대였다.

1학년 송광영은 어머니께 부탁하여 자취방을 하나 구한다. 학교로 오가는 차비와 시간이 만만치 않고 고시공부를 하기에도 적합하지 않다는 이유를 대었으나 사실은 어머니와 누나, 조카들을 보면 마음이 약해질 것을 우려하였기 때문이었다.

광영의 부탁으로 어머니와 누나는 보증금을 마련해 학교 근처에 방을 얻어준다. 늦게 다니는 대학이기에 불편하지 않게 해주려는 어머니의 깊은 정이 엿보인다. 광영은 강북구 삼양동의 다 쓰러져 가는 집을 나와 허름한 자취방으로 거주지를 옮겼고, 자취와 동시에 더 가난해졌다. 어려운 형편에 보증금을 내주고 등록금까지 내고 있는데 추가로 용돈을 달라고 손 내밀기가 쉽지 않았기 때문이다. 주로 끼니는 라면과 우동으로 때우고 때로는 잠깐씩 나가서 돈을 벌기도 하였다. 그러면서 그는 자주 주머니를 털어 집으로 가지 못하고 있는 동생들을 챙겼다. 자신을 위해서는 거의 돈을 쓰지 않았다.

학교에서 멀지 않은 복정파출소 뒤쪽 허름한 방 한 칸은 오갈 데 없는 학생들의 아지트로 적당하였다. 이런저런 이유로 집이 없는 것과 다름없이 떠도는 학생들이 찾아와 오래 머물며 한참 신세 한탄을 하다 돌아갔다. 학교 서클실에서 기거하는 학생들도 있었는데 광영은 주로 이들과 교류하며 많은 이야기를 나눈다. 그중 한 동생과는 깊은 속 이야기까지 나누는 사이가 되었다. 이 동생은 광영을 형, 형 하고 따르며 좋아하였는데 그가 해준 많은 이야기에 감명을 받았다고 한다. 이야기의 주제는 노동자 전태일이나 무소유의 삶을 살고 있는 법정, 함석헌 등의 저항하는 이들로 시작하여 1980년 광주에서 무슨 일이 일어났는지, 청계노조가 활동하는 평화시장에서는 노동자들이 어떻게 지내는지 등 신문에 나오지 않는 세상 이야기가 참 많았다. 광영은 술을 즐겨 마시는 편은 아니었으나 동생들, 혹은 또래의 가난한 고학생들과 술자리 갖는 것을 좋아했다. 사람들을 좋아하였기 때문이다. 담배는 피우지 않았다. 바둑을 좋아했으며 노래를 좋아하고 유머 감각이 있었다.

평범하고 소박한 듯 보이지만 그의 외모와 태도는 뭔가 보통 학생들이 범접하기 어려운 구석이 있었다. 그는 눈빛이 늘 살아 있고, 가끔 돌발적인 행동을 했다. 1학년 2학기부터는 강의실에는 잘 나타나지 않다가 어쩌다 한 번씩 수업에 들어와서는 교수들과 싸우고 논쟁했다. 말이 많거나 수다스러운 편은 아니었으나 한 번씩 강하게 자기주장을 펼치고 옳고 그름을 명확하게 표현하길 좋아했다.

그가 최소한의 생활비를 충당하기 위해 했던 여러 일 중 교내에서 구두닦이를 한 일화는 유명하다. 구두닦이나 신문팔이는 가난한 사람의 대명사와도 같아서 이성에게 근사하게 보이고 싶은 20대 젊은이가 하기는 어려운 일이다. 그러나 그는 사람들의 시선이 중요하지 않았다. 그는 자기 노동에 당당했기 때문이다. 그리고 구두닦이는 학교에 머물면서 소소한 생활비를 벌기에 좋은 수단이었다. 그는 학생처 직원이나 교수들이 지나가면 허허 웃으며 인사하고 이내 뒤따라가서 구두를 들고 나왔다.

그 시절 대학생들은 광주시민에 대한 살인 진압의 진실조차 큰 소리로 이야기할 수 없었다. 학내 곳곳에 경찰과 프락치가 활동하고 있다는 소문이 무성하였고, 잡혀가면 언제 어떻게 고문을 당하여 구속되거나 간첩단에 포함될지 모르는 시절이었기 때문이다. 그러나 그럴수록 조용히 사회과학 서적이나 유인물이 학내에 퍼졌고 강한 반미의식 혹은 노동자 민중의식이 싹트고 있었다. 학생들은 민중의 삶, 특히 노동자의 삶이 어떻게 하면 나아질 수 있을까를 두고 여러 가지 구조적 해결책을 제시하며 논쟁하곤 하였다. 광영은 그러한 논쟁에 참여하면서도 말만 앞서고 실천하지 않는 모습을 답답해했다.

삶의 지향에 대해서는 평범한 삶을 거부했다. "나는 형들처럼 살지 않겠다. 차라리 나는 거지로 살겠다"라는 말을 할 정도로 욕심 없는 삶을 추구했다. '거지'라는 표현에는 아무것도 소유하지 않은 무소유와 가장 가난한 곳으로 가서 민중을 위한 삶을 살겠다는 선구자적인 의지가 담겨 있다.

송광영은 스스로 민중이고 노동자였으며, 민중을 사랑하였다. 그들의 순수한 노동과 삶을 존중했기에 그의 생각은 책에 머물지 않았다. 그래서 당시의 광영을 온전히 이해하기도, 평가하기도 쉽지 않다. 그는 평면이 아닌 입체적인 사람이기 때문이다. 그러나 그 시절 사람들은 서로를 입체적으로 바라보지 못하고 세상과 사람을 평면적으로 바라보았던 한계가 있었다.

지금 만약 주위에 광영과 같은 친구가 있다면 우린 그를 어떻게 묘사할 수 있을까? 광영처럼 경계에 있는 사람, 즉 대학생이자 노동자였고, 대학 저학년이자 군대를 다녀온 예비역이었으며, 가난한 고학생이었으나 가난에 연연하지 않는 자유로운 사람을 우리가 이해하고 하나로 정리할 수 있을까? 어쩌면 그는 바람과도 같은 사람인지도 모른다. 그리고 그는 글쓰기를 좋아하였고 특히 자주 일기를 썼다. 가볍게 움직이는 사람이 아니라 깊이 생각하고 실천하는 사람이었다.

분신하여 열사가 된 후 광영에 대한 사람들의 기억은 그의 인간적인 면모보다는 투쟁적인 '열사정신'에 주로 맞추어졌다. 그때는 그래야만 했다. 투쟁하고 저항하는 사람은 진정성 있게 민중을 바라보고 고민하는 선구자의 모습을 해야지, 개인의 자유와 욕망을 드러내서는 안 되는 시절이었다. 그러나 이러한 일반화가 광영에 대한 기억을 결국 좁혀 버렸다.

송광영은 조카와 놀러 다니는 친절한 삼촌이었다. 어린 조카들을 좋아했고 이성에 대한 사랑을 간직한 남성이었다. 대중가요와 프로야구를 좋아하는 평범한 국민이면서 동시에 마음껏 웃고 떠드는 걸 미안해하고 양심의 가책을 느끼고 고뇌하던 한 인간이었다. 어쩌면 가장 보통 사람이었을 그가 분신 후 열사가 되어 우리에게 보여준 모습이 너무나 한정적이라는 것, 인간 송광영을 기억하기에는 가까운 사람들과 함께 한 시간이 너무 짧았음이 참으로 안타깝다.

그럼에도 그를 기억하는 사람들은 한결같이 그가 참 강단 있고 따뜻한 사람이었다고 말한다. 그는 옆에서 누군가 어려움을 겪고 있으면 그냥 두고 보지 못하였다. 계산하기보다는 일단 움직이고 보는 편이었고, 말로 구구절절 떠들기보다는 툭, 하고 던지는 사람이었다. 글쓰기를 좋아하고 묵묵히 생각에 잠기기도 했다. 어느 날 불쑥 나타났다가 사라지고, 옆에 있는가 하면 다른 곳에 가 있어서 홍길동 같았다고 한다.

입학 후 분위기에 적응하는 1학기를 지나 법학과 어용교수 퇴진 시위 등 학내 문제에 깊이 개입하고, 2학년이 되면서 그의 삶은 온통 학생운동에 맞춰진다. 그리고 그는 자신이 느낀 책임감을 직접 실천하는데 주저하지 않았다. 집회장에서 눈에 띄는 학생이 되었고 총학생회 등의 구성에 개입하고 본격적으로 학내 운동에 참여하였다.

그리고 85년 4·19 집회가 열린 날, 그는 경찰에 잡히게 된다. 그해 전국적으로 여러 대학에서 학생들이 집회·시위를 하다 연행되고 구속되었다. 병역이 남은 남학생은 강제징집을 당하여 군대 안에서 모진 폭행을 당해야 했다. 광영처럼 입대의 압박이 없는 학생들은 학교에서 아예 제적을 당했다. 그러나 대학생들이 제적을 당하고도 학교에 남아 있자 군사정권은 골머리를 앓는다. 4·19 집회가 있던 날은 총학생회 주관의 체육대회 기간이었다. 광영을 포함해 학생들 여러 명이 경찰에게 잡혀가자 학생들은 교내 방송으로 '경원대 학생이 잡혀갔다'는 것을 알렸다고 한다. 체육대회를 하던 학생들은 이에 분개해 연행 학생 전원 석방을 요구하며 학교 정문 앞에서 수백 명이 연좌 농성을 벌였다. 학생처도 경원대학교가 생기고 처음 있는 학생의 구속에 놀라 경찰서를 찾아와 석방을 요구했다.

그로 인해 송광영을 비롯한 구속 학생들은 그날 저녁 늦게 풀려났다. 교문에 들어서자 연좌 농성을 하며 기다리던 학생들이 석방 학생들을 축하하며 영웅 대접하듯이 목말을 태우고 환호성을 질렀다. 이런 과정을 겪으며 학내에서 송광영의 존재감이 드러나자 정보과의 관찰과 회유가 시작된다. 그에게는 협박과 회유가 소용없으니 가족을 상대로 지속적인 압박을 가한 것이다. 특히 방산업체에 근무하던 둘째 형이 집중 회유 대상이 되었다. 둘째 형이 다니는 회사로 정보과 형사와 안기부가 수차례 전화를 했다. 동생을 단속하지 않으면 회사에 알리겠다고 협박까지 하였는데, 결국 참다못한 둘째 형이 광영을 만류하러 학교에 찾아온 적도 있었다.

"형님이 웬일로 왔수?"

"너 좀 똑바로 살면 안 되냐?"

"누가 뭐라 그랬나?"

"회사로 정보과에서 전화가 계속 온다."

"미안한데, 형님이 좀 참으면 안 되겠수?"

"꼭 그렇게 데모를 하고 다녀야겠나? 언제 철들래?"

"형님이나 똑바로 사슈. 나 상관 말고."

이때부터 가족들은 '광영이 공부는 안 하고 데모나 하고 다닌다. 심한 운동권이 되었다. 저러다 감옥 갈 뿐 아니라 빨갱이로 몰려 가족까지 피해 볼 수 있다'는 생각을 하며 상황을 심각하게 받아들이기 시작하였다. 송광영을 적극적으로 말리기 시작하고 대학을 괜히 보냈다고 후회를 하였다.

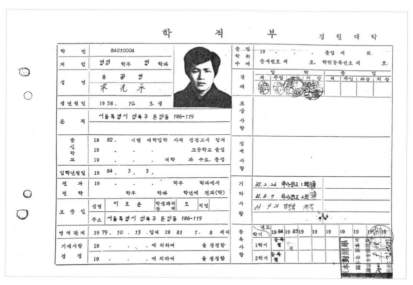

송광영 학적부

어머니 이오순이 직접 학교까지 찾아와 말린 적도 있었다. 김종태 열사 추모집회가 있는 6월 어느 날이었다. 계단에 학생 몇십 명이 앉아 연설을 하고 구호를 막 외치는데 학교 운동장을 가로질러 쪽 찐 머리에 한복을 입은 한 여성이 나타났다. 학교에서는 보기 힘든 낯선 모습에 순간 학생들의 시선이 그쪽으로 몰렸다. 광영의 어머니 이오순이었다. 그날 집회는 광영이 주도하고 있었는데 학교 측에서 회유를 위하여 광영의 집으로 전화를 했던 것이다. 이오순을 발견한 광영은 황급히 달려왔다. 그는 어떠한 변명도 없이 "걱정 마세요" 하는 짧은 인사를 전하고는 어머니를 택시에 태워 돌려보냈다.

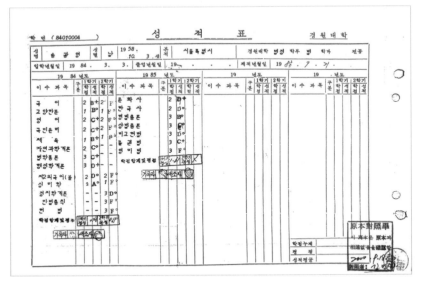

송광영의 대학교 1, 2학년 성적표

1985 송광영

이오순은 수기에서 나중에 "아들이 왜 그런 행동을 했는지 일찍 알았더라면 그렇게 말리면서 힘들게 하지는 않았을 텐데"라며 학생운동을 적극 반대했던 것을 후회하였다. 훗날 가족들의 모습에서 유추해 보면 극구 반대했을 강경한 모습과 별다른 말 없이 듣고 서 있었을 것만 같은 송광영의 모습이 떠오른다.

송광영은 또 그 나름대로 가족에게 자기가 왜 그런 삶을 사는지 설득하려 노력하였다. 그러나 그의 말이 닿기 전에 운동권 학생을 바라보는 세상의 시선은 차가웠다. 언론이 여기에 한몫하였고, 당시의 기조는 운동권과 비운동권으로 학생들을 갈라치기 하며 운동권 학생을 고립시키는 데 주력했기 때문이다. 가족들도 애가 탔다. 어려운 살림에 등록금을 마련해 대학을 보낸 이유가 무엇인가. 데모나 하다 인생 망치라고 보낸 게 아니지 않나. 대단한 출세를 바란 것도 아니고 그저 편안하게 직장 생활하라고 대학을 나오라고 한 건데 광영이 철이 없어도 너무 없어 보였다. 물론 둘째 형이나 셋째 형도 시대적 상황을 모르는 바는 아니었다. 무엇보다 고향 광주에서 벌어진 학살에 침묵하기는 쉽지 않았다. 다만 안기부와 정권의 폭력에 다칠 것이 너무나 뻔한 싸움이었기에 말리고 싶었던 것이다.

다른 남학생들은 이렇게 가족에게 가해지는 압박이 심한 경우 아예 퇴학을 종용받거나 강제 군 입대를 하기도 했다. 여학생은 머리카락을 잘리고 외출 금지를 당하는 등 폭력적인 반대를 극복해야 했다. 이런 극심한 반대는 누가 적극적으로 지시하고 시켜서가 아니다. 그만큼 운동권에 대한 사회의 편견과 두려움이 컸던 것이다. 당시 사회는 대학생을 최고의 지성으로 추켜세우며 존중하면서도 조금만 반대의 목소리를 내어도 뿌리 깊은 반공주의를 앞세워 극심하게 탄압하고 폭력적으로 인권을 유린했다. 내 편이 아니면 적으로 간주하고 철저하게 짓밟고 무시하는 전두환 정권의 분리통치는 이후 한국사회의 이분법적이고 적대적인 문화에 크게 영향을 미친다.

송광영은 앞서간 열사들의 삶에 관심이 많았다. 전태일 열사와 김종태 열사가 특히 그에게 많은 영향을 준 것으로 보인다. 그는 전태일 열사에 대하여, 소외되어 가는 민중의 대변인이었고 낭만적 영웅심보다는 체제의 불합리에 대항해 참된 인간의 상을 제시해 준 끝없는 투쟁의 결실이었다고 이야기했다. 그리고 전태일과 자신의 삶을 비교하며 고뇌하였다. 그리고 송광영은 동갑이면서 고향이 같은 광주 출신의 노동자 김종태 열사에 대해 큰 관심을 가지고 있었다. 김종태를 통하여 성남지역의 사회운동단체와도 연결되었던 것으로 보인다.

김종태는 성남 주민교회를 다니던 청년이었다. 1980년 그는 광주학살을 고발하며 신촌 한복판에서 분신하였다. 성남 주민교회에서는 매년 그의 추모제를 진행한다. 1985년 6월 법학과 2학년 송광영은 학교에서 김종태 열사 추모시위를 주도하였다. 그는 직접 사회를 보면서 1980년 광주학살의 실체를 고발하고 노동자들의 삶과 권리에 대해 주장하였다.

같은 날인지 명확하지 않지만 주민교회 이해학 목사는 김종태 추모식에서 한 학생이 분향을 하러 앞으로 나와서는 "당신을 따르겠습니다" 하고 묵념하는 장면이 인상 깊었다고 말한다. 그때는 그 말이 그저 김종태의 뜻을 따라 싸우겠다는 의미인 줄 알았으나 나중에 보니 그 학생이 경원대에서 분신한 송광영이었고, '따른다'는 의미 역시 이미 그때부터 죽음을 결단한 건 아닌가 하는 생각이 들었다고 한다.

송광영은 가족들의 가난한 삶을 직접 보고 자랐으며 스스로도 아무리 애를 써도 벗어날 수 없는 가난을 직접 체험했다. 가난한 민중에 대한 동질감과 연대의식으로 그는 타인의 가난과 억울함을 외면하지 않았다. 스스로 과시하거나 남의 시선을 신경 쓰지 않았으며 시대를 온몸으로 받아들이고 그 시기에 할 수 있는 방법으로 뒤도 돌아보지 않고 저항했다. 그의 철없어 보이는 여러 행동에는 알고 보면 다 이유가 있었다.

어려서부터 어머니의 다리를 주물러 드리고 이런저런 이야기를 할 줄 아는 다정한 막내였고, 친구의 어려움을 외면하지 않는 반장이었다. 또한 억울하게 사고를 당한 학원 동료를 위해 발 벗고 나서고 형편이 어려운 구두닦이에게 가진 돈을 다 주고도 허허 웃는 여유와 낭만을 가진 젊은이였다. 학교에서도 그는 엉뚱한 방식으로 집회장에 등장하거나 구두닦이를 하는 등 예상하기 힘든 행동을 했으나, 동기들과 후배, 동생들을 챙기고 함께하는 친근한 형이자 선배였다.

송광영과 같은 법학과 동기(84학번)에는 검정고시 출신인 고학생들이 많았다. 엇비슷한 나이에 동질의 경험과 가난을 공유한 이들은 자연스레 친해지고 함께 지내며 고민을 나눈다. 선배가 된 송광영은 나이 어린 동기나 후배에게 사회 현실과 남한의 역사, 정치 이야기와 광주의 참상을 수시로 이야기하였다고 한다. 특히 광영은 자신이 참석했던 서울 지역의 집회와 투쟁현장에 대한 이야기를 많이 했다. 그의 성격으로 보아 눈에 보이는 싸움에 몸을 사리지 않고 참여한 것으로 보인다.

그때의 학생운동에 대한 기록은 서울의 주요 대학 위주로 기사화될 뿐 외부에 잘 알려지지는 않았다. 그러나 성남지역의 민주화운동 역사는 남다른 결을 가지고 있다. 경원대학교 학생들은 지역 운동과 연대하며 실천에 동참하고 때로는 적극 앞장서면서 성장해 나간다. 송광영의 생각과 실천도 이들과 함께 깊어지고 두드러졌다.

집회장에 서 있는 송광영

❖ 운동권의 탄생, 운동권 문화

'운동권'은 대한민국에서 1980년~90년대에 학생운동에 참여했던 좌파 성향의 사람을 지칭하는 낱말이다. 원래 정권에서 학생들을 운동권과 비운동권으로 분리하기 위하여 쓰기 시작한 말이지만 대체할 다른 말이 없어 한동안 계속 사용되었다.

1980년 학생들은 광주에서 벌어진 학살을 자행하고 들어선 군사정권에 대한 저항과 반감으로 부글부글 끓고 있었다. 여기에 전태일에서 시작된 노동운동과 철거민의 투쟁, 학내 민주화 등의 이슈는 차고 넘쳐 났다. 학내에서 서클 형식으로 모여 같이 공부하고, 대자보와 유인물, 집회의 방식으로 자신들의 생각을 전파했다. 정권에서는 이런 이들을 한데 묶어 '운동권'으로 칭하며 위험 인자, 혹은 사상에 대한 재교육이 필요한 이상 집단으로 매도했다. 그러나 운동권은 정의와 자유에 젊음을 의탁한 학생들이다. 비록 수중에 돈은 없어도 함께 모이면 좋았고, 모여서 지적인 대화를 나누면 더 좋았던, 때로는 세상사를 안주 삼아 술에 취하고 흥에 겨우면 노래를 불렀던 청춘들이다.

그들이 부른 저항의 음악, 혹은 이른바 민중가요는 1970년대 말까지 기존의 가곡, 대중가요, 민요, 번안곡, 찬송가에 다른 의미를 실어 부르거나 개사한 노래였다. 1975년 금지곡이 되었던 양희은의 '아침이슬'이 사회 문제를 명확하게 지적하거나 운동의 방향을 제시하는 노래라고 보기는 어렵다. 광주항쟁 이전에 불린 노래들은 서정적인 포크 음악에 지사적인 의미를 담은 정도였으며

'희망가' '흔들리지 않게' '땅의 사람들'과 같은 느린 곡과 미 남북전쟁 당시 남부군이 불렀다는 '신독립군가'와 같은 국적불명의 번안가였다.

"신대한국 독립군의 백만 용사야, 조국의 부르심을 네가 아느냐, 삼천리 삼천만의 우리 동포들, 건질 이 너와 나로다. 나가 나가 싸우러 나가. 나가 나가 싸우러 나가. 독립문에 자유종이 울릴 때까지 싸우러 나가세"

이러한 노래만 보아도 1980년대 초반 대학 운동권이 사회적으로 문제가 있거나 위험한 집단이었다고 보기 어렵다. 종교, 특히 기독교적인 헌신과 일제강점기 독립운동과 비슷한 선구자 같은 정서들이 1970년대 주된 대학문화의 정서였고, 단지 1980년대 후반을 거치며 각 운동들이 부문별로 성장하면서 보다 독창적인 문화예술활동과 만나 선명한 운동권 문화로 자리 잡는 과정을 겪었을 뿐이다.

고뇌의 정점이 된 여름방학

2학년이 되어 송광영의 고민은 더 복잡하고 깊어졌다. 한때 송광영은 스님이 되는 것이 꿈이라고 말하기도 하였다. 세상의 번뇌에서 벗어나고 싶은 인간적인 세상을 바꾸는 일에 주도적으로 나서는 운동가의 삶을 살고자 하는 책임감 사이에서 고민이 컸던 게 아닐까 싶다. 그는 커진 책임감과 함께 여러 가지 갈등과 위기를 겪는다. 수배와 위협, 그로 인한 가족과의 갈등, 그리고 경제적 어려움을 비롯한 미래에 대한 불안감은 그가 비록 늦게 대학생이 되었어도 여느 20대들이 겪는 상황과 크게 다르지 않았다.

그는 2학년 1학기에 선도적인 몇몇 투쟁을 이끌고 보다 적극적으로 학생운동에 뛰어든다. 그러나 자신이 이끌어갈 후배나 동생은 있지만 앞서 이끌어줄 선배 라인이 없고, 늘 경계에 서 있던 터에 답답함과 외로움이 컸다. 그의 여름방학은 이러한 고민이 깊어지는 시간이자, 한편으로는 그 나름의 해답을 찾아보는 시간이었다.

학교에 남아 있는 학생들이 더러 있었지만 광영은 긴 여름방학을 알차게 보내기 위하여 농촌 봉사활동에 참여하고 지리산 여행을 하기도 하였으며, 홀로 송광사를 다녀오는 등 바쁜 여름방학을 보냈다. 농활에 대한 기억과 지리산 종주 여행을 다녀온 일은 여러 사람이 함께하였기에 증언으로 확인되나 송광사 여행은 아는 사람이 많지 않다.

그해 경원대학교 총학생회는 전라북도 장수군 송촌1리와 송촌2리를 구역으로 정하고 학생들을 모아 농촌 봉사활동을 진행하였다. 농민에게 피해를 주지 않으면서 공동의 합숙생활을 해보고 직접 먹을 것을 장만해 음식을 만들어 먹으며 자립심을 키우는 과정으로, 매해 진행해온 대학생들의 의식이었다. 새벽부터 일어나 일하는 일은 노동의 가치를 알게하고, 농민들의 삶과 농촌 현장을 직접 겪으면서 책과 이론이 아닌 현실속 민중의 삶에 보다 가까이 다가갈 기회가 되었다. 특히 선후배가 같이고생하면서 추억을 쌓을 수 있어 총학생회를 중심으로 많은 대학생들이단합심을 기르기 위하여 여름 농촌활동을 적극 추진하였다.

농활에서 돌아오는 날에는 학교 앞에서 결의를 모아 집회를 하였다. 1985년에는 심각한 사안이 있기에 그날 집회는 투석전에 가두시위로 격해졌다. 그러다 몇몇 학생이 돌격한 경찰에 붙잡혔고 다행히 송광영은 도피하였으나 수배자의 신세가 된다. 주로 학생들은 학교 밖으로 나오다 잡혔기 때문에 광영은 아예 더 멀리 여행을 다녀오기로 결심한다. 지리산 종주였다. 6명의 남녀 학생들이 고속버스를 타고 내려가 뱀사골을 지나 계곡을 따라 산을 오르고, 잠자리는 텐트에서 해결하는 강행군이었다.

지리산이 저항세력에게 각별해진 장소가 된 것은 조정래가 쓴 소설 『태백산맥』의 영향이 크다. 태백산맥은 1983년 월간지 현대문학에 연재되기 시작하였는데, 지리산이 주된 공간적 배경으로 등장한다. 송광영이 이 글을 읽었을 수도 있지만 특별히 그런 의미로 여행지를 정한 것 같지는 않다는 견해도 있다. 그때 일행 중에 고향이 부여인 사람이 있었고, 그의 고향에 함께 내려갔다가 지리산행을 결정한 것으로 보인다.

지리산은 남조선남로당의 주요 활동 지역이자 빨치산이 최후까지 저항한 곳이다. 남로당은 남한 단독정부 수립에 반대하고 통일에 대비하여 한국전쟁 이후에도 월북하지 않고 활동을 계속했다. 남로당의 활동과 정부군의 소탕작전은 정치 군사적으로 선명한 대립이자 충돌이었기에 수많은 민간인 피해를 낳았다. 이 충돌의 대표적인 예가 제주 4·3사건과 1948년의 여순사건이다. 제주 4·3사건은 1947년 3월 1일부터 1954년 9월 21일까지 제주도에서 발생한 남로당 무장대와 토벌대 간의 무력충돌, 그리고 토벌대의 진압과정에서 다수의 주민들이 희생당한 사건이다. 여순사건은 여순반란사건이라고 불리기도 하는데 여수와 순천에서 14연대가 제주도 진압을 위한 출동 명령을 거부하고 정부군과 싸우다 흩어져 게릴라전을 계속한 사건이다. 지리산은 이때 게릴라전의 주무대가 되었다.

여행 중에 일행은 미국을 비롯한 국제 정세와 한국사회의 문제, 개인사 등 두루 많은 이야기를 나누었다. 농활에서 배운 노래를 같이 부르기도 하고, 각자의 삶에 대한 고민을 나누기도 하였다.

한번은 부여에서 동네 토박이들이 시비를 걸어와 싸움으로 번질 뻔한 사고도 있었다. 혈기 왕성한 젊은이들인지라 자칫 몸싸움으로 번질 수 있었고, 함께 간 여학생을 포함해 일행에게 매우 위험한 상황이었다. 이때 송광영이 조용히 나섰다. 그는 특유의 배짱과 설득력으로 시비 건 상대에게 다가가 조용히 말로 제압했다고 한다. 그의 무기는 폭력이 아니라 말이었다. 일행은 송광영의 담대함과 언변에 모두 놀랐다고 한다. 대학생에게 질투와 배타심 강한 동네 젊은이들을 상대하는 일은 쉽지 않다. 그들에게 무슨 말을 하였을까. 어떤 말로 설득하여 돌려보냈을까. 송광영의 용기와 대범한 성격을 볼 수 있는 사건이다.

여름방학을 전후하여 송광영은 치열한 고민을 이어간다. 그러나 겉으로 보기에 그는 여전히 낙천적이고 긍정적이었다. 모르는 사람과도 소탈하게 이야기를 잘 나누고 필요한 게 있으면 금방 얻어다 주기도 했다.

"여름에? 몇 월에 내려갔는지는 기억이 잘 안 나. 그때가 우리가 여행을 갔다 와서였는지 아니면 그 전에 갔는지가 그게 기억이 안 나네. 지리산 그 참, 그렇게 몸도 쪼그맸는

여름방학 지리산 산행

데도 참 힘이 있었어. 사람들하고도 산에 가면은 그 주변 옆에 사람들하고 소통하고 얘기를 참 잘했어. 지나가는 등산객들이나 거기 관리자들이나 그런 사람들하고 소통을 잘하더라고. 거리낌 없이 자기 할 말을 잘하고. 어떤 사람들은 광영 형을 생각할 때 사회성이 없다, 독선적이다, 이런 기억을 갖기도 하던데 전혀 아니었어. 낯선 사람들한테 뭘 얻어오기도 하고 그러더라고."

그때는 생각을 기록하는 방법이 주로 일기와 편지였다. 광영은 어머니께 편지를 쓰고, 자신의 생각을 일기장에 기록하였다. 편지 중 하나는 남아 있고 일기장은 분신 후 경찰에 압수되어 사라져 아쉬움을 남긴다.

지리산 종주는 즐겁게 끝났고 학생들은 다시 학교로 돌아올 준비를 하고 있었다. 그러나 광영은 돌아갈 곳이 없다는 허전한 마음이 들었다. 그는 2학기를 등록할 의미를 찾지 못하고 있었다. 학교에서 학생들과 다

시 2학기를 시작하자니 1학기 때의 상황이 반복될 것이 뻔하였다. 일부 학생들은 지하 서클실에서 이론 논쟁에 빠져 밖으로 나오지 않을 것이고 일부 학생들은 세상일과 상관없이 먹고 살기와 소비에만 바쁠 터였다. 좀 더 적극적으로 실천하고 움직일 수 있는 단위가 필요했으나 누구도 먼저 광영을 이끌어주지 못하였다. 광영과 함께 더 넓은 세상으로 나가 싸울 사람들은 어디에 있을까?

그의 고민은 지역 운동에 대한 관심으로 이어졌다. 그러나 거기에서도 당장 자신이 할 일이 눈에 띄지 않았다. 어쨌거나 당시 운동 문화는 서로 암암리에 연결되어 조직을 구성하거나 친숙한 사람들과만 정보를 주고받는 폐쇄적인 속성이 강했기 때문이다. 노출되면 구속과 수배 등 압박이 오니 위험하였고, 대중적인 활동을 전개하기에는 아직 많은 부분에서 토양이 부족했던 탓이었다. 그래서 어떤 이들은 교회나 성당 등 종교활동과 함께 운동을 전개하기도 하였다. 승려가 된 운동가도 있었는데 종교가 없었던 광영은 이마저도 여의치 않았던 것으로 보인다. 광영처럼 혼자서 활동할 공간을 찾아다니면 오히려 프락치로 의심받거나 우선 경계의 눈초리를 보내기 때문에 그가 마음 편하게 동지로 만날 이들을 찾는 일은 쉽지 않았다.

이후 광영은 차라리 종교계로 투신할까도 생각한다. 성남에 사회운동을 하다 스님이 된 사람이 있었는데 자유롭게 기거하며 활동하는 모습이 자신과 맞는다고 생각했던 것 같다.

"바깥소리에 팔리노라면 자기 소리를 잃고 말기 때문에 가장 깊숙한 데서 나직이 들려오는 '내심의 소리'는 곧 우주 질서의 하모니이다. 먼 강(江)물 소리 같은. 해서 구도자들은 무성처(無聲處)인 '아란야'를 찾아 숲으로 들어가는 것이다. …(중략)… 돌아가리로다. 돌아가리로다. 내심의 소리를 들으려 모두들 숲으로 돌아가리로다."

법정 스님이 1965년에 쓴 글이다. 법정은 강남 봉은사에 거하며 한때 유신체제에 저항하며 싸우다 인혁당 사건을 보면서 죄 없는 그들을 우리가 죽인 것이라고 심하게 자책하였다. 그리고 '적개심과 증오심을 품게 되니 마음이 편치 않다'며 송광사 불일암으로 거처를 옮겨 두 번째 출가라는 마음으로 수행에 매진하였다.

법정 스님의 책『무소유』는 초판이 1976년에 발행되었다. 큰 반향을 일으켰던 저서이므로 송광영이 이 책을 읽고 영향을 받았는지는 알 수 없으나 이미 무소유 철학으로 살고 있었던 광영과 맞닿아 있는 부분이 많다. 그래서 광영의 송광사 여행에는 법정 스님의 영향이 있지 않을까 하는 추측도 가능하다. 아무튼 그는 주위에는 말하지 않고 스님이 되어 볼 생각으로 송광사에 약 사나흘 정도 절에 기거하였다. 스님이 되는 방법도 물어보고 스님들과 이야기를 나누었을 것이다. 법정 스님과 만나 대화를 나누었을 가능성도 있다. 만약 그가 법정 스님을 만나 '세상을 바꾸기 위하여 싸우고 있는데 생각만큼 쉽지 않다, 스님이 되고 싶다' 고 고민을 토로하였다면 돌아온 답은 아마 '오냐 잘 왔다'는 환영은 아니었

　　　　　　　　　　　　　　　　　　　　　　　　1985 송광영

을 것이다. 어쩌면 스님이 되어 세상을 버리지 않고, 세상에 직접 북을 울리겠다는 답을 안고 다시 학교로 돌아온 것은 아니었을까 생각한다.

광영의 시도는 세상과 담을 쌓고 도피하기 위해서가 아니라 가장 자기답게 싸우는 방법을 찾는 길이었다. 학교에 남아 후배들을 이끄는 선배 운동가로 활동할지, 지역으로 나가 노동자로 살면서 운동에 투신할지, 그리고 제3의 선택지로 스님이 되어 종교활동과 함께 사회운동을 할지 고민했던 것이다.

송광사가 자리한 조계산은 여순사건 이후 봉기했다가 진압군에 패해 흩어진 빨치산들이 숨어 활동했던 곳이다. 근현대사의 민족적 비극이 벌어졌던 사찰이고 광주에서 가까운 절이라는 점도 작용했을 것이다.

한편 그를 포함하여 80년대 학생운동에 크게 영향을 끼친 스님이 또 한 명 있다. 독재자의 불교 탄압에 맞서 인신 공양을 한 베트남의 틱꽝득 스님이다. 그는 1963년 6월 대로에 가부좌를 틀고 앉아 가솔린을 부은 몸에 불을 붙였다. 고통스러운 화염 안에서 꼼짝도 하지 않고 자세를 유지하는 그의 모습을 당시 AP통신 기자가 그대로 찍어서 내보냈고 전 세계에 큰 반향을 일으켰다. 그리고 이 분신 저항은 70년대, 그리고 80년대까지 두고두고 회자되면서 베트남을 바꾼 반정부시위의 상징이 되어 학생운동 등 운동하는 사람들에게도 전해졌다. 승려가 되겠다고 할 때 이 스님처럼 헌신하겠다는 의지를 가졌을지도 모르겠다.

송광영은 여름방학에 학원안정법 제정 시도를 접하고 분노와 저항의 감정이 극대화되어 있었다. 그리고 어떻게 싸워야 군사정부를 몰아내고 민주화를 이룰 수 있을지 실행을 두고 고민이 컸다. 글 쓰는 걸 좋아했다고 하는데, 아마도 많은 생각을 담았을 것으로 보이는 남은 글이 없음이 참 아쉽다. 그 무렵 그가 쓴 글로 8월 31일에 어머니에게 쓴 편지가 유일하게 남아 있는데, 이 편지를 쓴 곳이 바로 이 송광사였는지, 지방의 어느 거처인지, 학교 지하 서클실인지 알 수 없다. 원본은 사라지고 복사본만 남아 있는데 그마저도 몇 줄은 흐릿하여 알아보기 어렵다.

편지에서 그는 "여러 곳을 떠돌아다니면서도 집으로 돌아가지 못하고 있다"고 하면서 "제 가슴이 견디어 내야 할 일과 운동을 위하여 할 일들이 산재해 있다"고 적고 있다. 심지어 거취가 일정하지 않다고 하며 이곳저곳에 머물고 있음을 드러낸다. 혹은 수배자로 살고 있어 주소를 쓸 수 없었을 것이다. 편지를 쓸 시점에 그는 운동을 계속하고자 하였지, 스님이 되어 속세를 떠난다거나 죽음을 결심한 것으로 보이지는 않는다. 그래서 여행 중이나 학교에서 이 편지를 쓰고는 다시 어떤 시도를 하였다가 여의치 않자 불교계에 입문하러 절에 들렀던 것은 아닐까 생각하는데 결국 그마저도 간단한 일이 아니고, 그렇게 하는 것이 세상에는 도움이 되지 않음을 알고 다시 돌아와 모든 것을 바쳐 싸우기로 한 것으로 보인다.

80년대와 90년대를 거쳐 실천적인 운동을 하던 사람 중에 스님이 되거나 혹은 귀향하여 시골에서 살고 있는 사람들이 더러 있다. 이들의 선택을 평가할 수는 없으나 광영이 송광사에 그대로 남아 스님이 되었다면 어땠을까 생각해 보았다. 혹시 그랬다면 스님 중에서도 큰 스님이되어 지금까지 살아 있을지도 모르겠다.

아무튼 양심을 가진 지식인, 공감 능력이 뛰어난 노동자 빈민들이 눈질끈 감고 살아가기 힘든 시절이었다. 구속과 수배는 물론이고 무고한시민까지 잔혹하게 살인하고 정권을 잡은 저들이 아닌가. 박정희 독재정권 시절부터 계속된 군사정권의 폭력은 도저히 사라질 기미가 없었다.법과 제도의 탈을 쓰고 자행되는 폭력은 아예 일상이었고, 암암리에 벌이는 폭력은 이루 말할 수 없었다. 언론을 장악했으므로 그들이 원하는것은 무엇이든 할 수 있었다. 거짓 간첩 사건을 만들어 대대적으로 검거해 투옥하고, 폭력적인 고문과 협박은 당연한 듯 자행되었다. 고문은 인간적인 모멸감과 수치심을 자극하고 폭력 앞에 한없이 취약한 상태로만든다. 결국 고문에 항복한 사람은 말할 수 없는 자괴감에 빠지고 고문의 결과로 조작된 사건은 일파만파 운동권 말살의 수단이 되었다.

광영의 무덤 곁에는 그와 비슷한 시대를 살았던 사람들의 무덤이 있다. 비석에 적힌 그들의 간단한 기록만 보아도 그 시절이 어땠는지 쉽게알 수 있다. 어떤 이는 학교에서 운동하다 연행되어서, 어떤 이는 수배중에 의문사로, 또 어떤 이는 재수학원에서, 그리고 고문을 당한 뒤 병이 재발하거나 교도소에서 단식투쟁을 하다 병을 얻어 사망하였다. 노동운동에 투신하였다가 다치거나 죽은 이도 상당수다. 전국의 수많은 대학생과 노동자들, 재야인사들이 '빨갱이'라는 낙인에 찍혀 말과 행동에 족쇄를 차야 했으며 그 족쇄를 깨려 싸움에 나서면 처절한 폭력으로 되돌아 왔다.

일제강점기 독립운동가에게 행해졌던, 그리고 한국전쟁 전후로도 끊임없이 자행되었던 폭력의 대물림이다. 서로 다른 사상을 가졌다는 이유로 끊임없이 학살하고 죽여 무조건적으로 순응하고 숨죽여 살게 하는, 국가폭력이자 시대의 폭력이었다. 그 폭력 앞에 맞서는 길은 무엇인가. 평화적인 시위마저 폭력적으로 짓밟는 시절이기에 그저 입을 닫고 살아야 하는가. 가족의 고통 때문에? 잘 먹고 잘살려는 인간의 욕망 때문에? 송광영은 계속 고민하였고 그해 여름방학, 그의 결의는 마침내 어떤 결론에 도달한 것으로 보인다.

2학기 등록 시기가 되었다. 송광영은 자신의 등록금을 내지 않고 자취방 보증금을 빼서 돈이 없어 등록을 못 하는 같은 과 친구의 등록금을 대주었다. 당시 전세 보증금이 70만 원이었다. 그는 과감히 전세 방값을 빼서 그에게 주고, 자신은 20만 원짜리 월세방으로 옮겼다. 이미 모든 것을 던질 결심을 했기 때문인지 아니면 무소유를 추구한 삶의 방식을 그저 실천한 것인지 알 수 없다. 그저 죽은 자는 말이 없고 뜨거운 청춘의 고뇌만이 남아 있을 뿐이다.

❖ 열사의 편지

어머님께 드립니다

지난 6월에 전화 한 통으로 작별을 고하고 기나긴 여름 동안 소식 한번 전해드리지 못한 채 유랑생활을 해온 불효자가 가을이 시작되려는 때에 소식 한 자 전해 올리고자 하오나 막상 무엇을 먼저 말씀드려야 할지 난감하기 그지 없습니다.

우선 그동안 어머님 건강 불편하신 곳 없이 지내셨는지, 그리고 형님들과 형수님, 조카들 또한 건강하신지요? 여러 곳을 떠돌아다니면서도 항상 제 머리를 떠나지 않는 것은 어머님의 불효자를 위해 마음 아파하심과 밝고 천진하게 커 나가는 조카들의 보고픈 모습이었습니다.

그러한 마음에 제 가슴 또한 아팠던 적이 한두 번이 아니었으면서도 집으로 돌아가지 못하였던 이유는 경찰이 무서워서만은 아니었습니다. 제 자신의 가슴이 견디어 내야 할 일들이 가득 쌓여 있었고, 운동을 위하여 하여야 할 일들이 산재해 있기에 가족의 염려와 제 자신의 가정에 대한 사랑까지도 포기하며 내면세계를 강인하게 구축하고자 하였던 것입니다.

많은 사람들이 우려를 나타내고 있는 위험한 행동 무모한 짓이라는 것을 저 또한 모르지 않습니다만 제가 굳이 이 길을 택하고자 하였던 것은 철저히 자유로와지고 싶은 저의 결단이었지 어느 누구도 저를 설득하거나 권유해서가 아닙니다.

(한 줄 복사에서 지워짐)

것으로 알고 있고 저 또한 한때는 그러한 생각을 하였습니다만 제가 좀 더 깊이 있게 공부하고 행동하며 느껴온 운동은 철저한 자기희생의 기반에서 비롯되어야 함을 느끼게 되었습니다.

사람의 생각은 시대에 따라 변하고 또 자기의 생각만이 옳은 것이라는 식의 주장
이 남들이 보기에 틀릴 수도 있는 것을 알고 있기에 어머님이나 가족들 아니라 다
른 사람이 보기에도 제 생각이 옳다고 생각하는 사람은 그다지 많지 않을지도 모
릅니다. 하오나 이전은(?) 적어도 자기의 여건이나 환경을 초월하여 얻어진 신념일
진대는 어느 누구도 그 방향을 거를 수는 없으리라 생각합니다.

여기서 저는 어머님께 또 하나의 충격이 될지도 모를 말들을 드려야 될 것 같습니
다. 어차피 세월이 흐르면 자연히 아실 일이겠지만 저는 2학기부터 대학으로 돌아
가지 않을 작정입니다. 그동안 세 학기 동안 이 대학을 통해 배운 것도 많고 앞으로
더 배워야 할 것도 많겠지만 그것은 졸업장을 필요로 하여 대학을 다니는 사람의
경우이겠고, 가족의 기대와는 다름을 알고는 있으나 저는 졸업장을 움켜쥐기 위해
더 이상 학교를 다니고 싶지 않습니다. 대개의 사람들은 어떠한 (한 줄 안 보임)

그러나 제가 대학을 떠나, 그리고 가정을 떠나 다른 곳에 머물며 살아가든지, 보
다 자유로워지고 싶은 심정을 버릴 수 없고 이와 더불어 제가 느껴온 운동 또한 포
기하지는 않을 것입니다.

어머님께 온갖 불효를 저질러온 터에 이러한 자식의 모습이 더욱 가슴을 상하게
하리라는 것을 뻔히 알면서도 이러한 결정을 하게 된 불효자를 용서해 주시옵고 오
히려 지금의 신념을 잃지 않고 살아갈 수 있기를 기대해 주셨으면 합니다.

아무쪼록 건강에 유념하시옵고, 모든 가족이 행복하기를 바라오며 이만 줄입니
다. 앞으로 또 연락드리겠읍니다.

1985. 8. 31. 광영 올림
* 거처가 일정하지 못하여 주소를 쓰지 못했읍니다

학원안정법에 분노하며 학교로 돌아가다

송광사 여행에서 돌아온 광영은 누나(송영숙)를 찾아가 마지막을 암시하는 말을 하기도 한다. 그가 남긴 말은

"내가 혹시 신문에 크게 날지도 몰라."

이런 이야기였다.

이 말을 처음 들었을 때 누나는 다음에 일어날 일을 상상하지 못했다. 누나는 그저 데모를 많이 하고 다니니까, 잡힐지 모른다는 이야기로 이해했다고 한다.

"엄마랑 가족들 생각해서라도 데모 좀 그만해."

누나가 이렇게 말하니 광영은

"역사를 보면 독립투사 없이 우리가 어떻게 독립이 되었겠어. 우리가 더 열심히 싸우지 않으면 결코 세상이 좋아질 수 없어."

하며 누나를 오히려 설득시켰다.

누나는 광영의 고집을 꺾지 못하는 것을 알기에 "다치지나 말아라" 하고 무심하게 대답한 것을 두고두고 후회하였다. 그리고 옷을 몇 벌 가지고 대문을 나서는 뒷모습이 마치 모든 것을 버린 듯 쓸쓸한 모습이었음을 기억하며 아파했다.

광영은 또 어머니를 찾아갔다. 분신 열흘 전의 일로 기록되어 있으니

9월 초의 일이었다. 그는 대뜸 어머니에게 말했다.

"호적을 정리해주세요."

"말도 안 되는 소리 하지 말어."

어머니는 호통을 치며 그 자리에서 돌려보냈다고 했는데, 그의 진심은 가족을 버리는 쪽이 아니라 법적으로 가족과 분리되면 혹시 자신의 행위로 인하여 가족에게 미칠 피해를 조금은 덜어 줄 수 있지 않을까 하는 마음이었다.

그는 어머니와 형제를 각별하게 생각하는 따뜻한 사람이다. 힘들게 행상을 하며 식구들을 먹여 살려온 어머니가 자신이 지키고자 하는 민중과 다르지 않음을 잘 알고 있었다. 가난을 딛고 어렵게 버티며 살고 있는 형제들에 대한 연민도 있었다. 자신이 가려는 길은 그들이 다치는 길이다. 어떤 식으로든 분명히, 결과적으로 그렇게 될 터이다. 그러나 그 이유로 생각을 굽힐 수 없었다. 광영은 비록 그 길이 외롭고 고단하더라도 자신이 감당해야 한다고 생각하였다. 죽음은 그 길에서 언제든 만날 수 있었다. 그가 존경하는 열사들이 그랬고, 싸우다 잡히고 또 고문당하는 수많은 선후배들을 생각하면 죽을 각오로 싸운다는 말이 그저 말뿐인 시절이 아니었기 때문이다.

1985년 7월 26일, 정부는 '학원안정법안'을 발표한다. 광영은 학교 주변 술자리에서 '학원안정법이 통과되면 분신하겠다'고 말을 하며 이 법의 심각성을 우려하고 저지해야 한다고 강력히 말하였다. 그리고 후배들에

1985 송광영

게 이런 말로 죽음을 예고하기도 하였다.

"나는 앞으로 밖에 나가서 열심히 일을 찾아오겠다. 그러나 만약 일이 잘 안되면 최후의 방법으로 분신자살을 택할 것이다."

그는 이미 학생 투사가 아니라 실천가였다. 거리의 구두닦이에게 장학금을 선뜻 던져 주었고, 가난한 학우에게 방값을 빼서 줄 수 있었던 그, 그래서 모두를 위해 자신이 가진 마지막 무기인 생명을 던질 수 있었던 운동의 길에 나선 그의 의지는 그 무엇도 꺾을 수 없었다.

그는 늘 자신이 미성숙하고 이론적으로 부족하다고 생각하고, 또 그래서 후배들에게 늘 미안하고 가슴 아파했다. 그는 양심선언에 스스로를 '못난 선배'라 지칭했지만 결코 못난 선배가 아니었다. 85년 그즈음은 학생운동 진영 내에서 사회의 다양한 문제들의 원인과 대안을 두고 이론투쟁(논투)이 활발하게 이루어지던 시기였다. 학생들은 여러 가지 책과 유인물 등에 밝혀진 생각들을 두고 토론하면서 자연스럽게 비슷한 그룹들끼리 묶였다. 사실 이 과정에서 선배의 역할은 절대적이다. 어떤 선배가 어떤 정파를 결정하느냐에 따라 후배의 생각도 영향을 입었다.

송광영은 선배가 없었기에 자신이 스스로 생각을 정립해 후배들에게 길을 제시하고 싶었다. 그리고 그가 중요하게 생각한 것은 그러한 논쟁과 이론싸움에 앞서 실천적 투쟁이었다. 전두환 정권이 광주에서 벌인 학살 행위를 안다면 역사 앞에 단죄해야 했다. 노동자 민중들의 삶은 반드시 바뀌어야 했다. 이외에도 한국사회가 끌어안고 있는 온갖 모순이 있었다. 분단과 미국에 대한 예속, 군사정부의 장기집권, 재벌 중심의 경제 구조. 이 문제가 어디서부터 비롯되었나. 노동자, 민중, 학생들은 왜 여기에 저항하지 못하나. 그들은 너무나 작고 미약하다. 그들을 결집시킬 계기가 필요하다. 많은 이들이 그렇게 생각하고 있었다.

여름방학이 끝날 무렵, 전 국민이 크게 놀란 사건이 벌어진다. 바로 8월 15일 노동자 홍기일이 5·18 광주학살의 진상규명을 외치며 전남도청 앞에서 분신한 것이다. 그는 5·18에 참여했다가 총상을 입은 시민군이다. 1984년 사우디에 미장공으로 취업해 다녀온 뒤 건설 현장에서 일용직으로 일하고 있었다. 그는 "5·18항쟁에서 목숨을 잃은 동지들이 있는데 혼자 살아남았다는 것이 부끄럽고 제국주의 침략에 항의하고자 8월 15일을 분신일로 택했다"는 취지의 글을 남겼다. 그는 분신 당시 "침묵에서 깨어나라"고 외치며 〈8.15를 맞이하는 뜨거움의 무등산이여!〉라는

학원안정법

제목의 자필 선언문을 시민들에게 배포하였다.

홍기일의 분신은 송광영의 마음을 크게 흔들었다. 그때 시대 상황이 유화국면이어서 홍기일의 분신을 많은 신문 기사에서 다루었기 때문이다. 또 이 사건은 3월 29일 민주통일민중운동연합(이하 민통련)이 발족한 뒤 일어났기에 재야에서 처음으로 열사 분신에 공동 대응하는 계기가 되었다. 그러나 경찰은 재야에서 움직일 수 없도록 홍기일의 영결식에 맞춰 광주로 가려던 민통련 부의장 계훈제와 간부 14명을 가택 연금했고, 새벽에 야산에 시신을 매장해 버렸다. 그리고 훗날 송광영에게도 비슷한 시도를 하였고, 언론을 아예 차단하였다.

광주의 참상을 알리고 저항할 것을 외치며 목숨을 바친 이는 많았다. 먼저 1980년 5월 서강대학생 김의기가 있었다. 그는 평소 농민 운동에 관심이 있었는데 1980년 5월 19일 광주 북동성당에서 열리기로 한 〈함평 고구마 농민투쟁 승리 기념식〉 참석을 위해 광주에 왔다가 계엄군의 학살을 목격하였다. 광주가 고립되지 않도록 다른 지역에서도 시위를 전개하는 게 필요하다는 조언에 따라 서울로 돌아왔다가 한 차례 더 광주를 방문한 뒤 〈동포에게 드리는 글〉의 초고를 전해놓고 투신하였다.

뒤이어 10일 뒤, 1980년 6월 9일 성남의 청년 노동자 김종태가 신촌 사거리에서 분신하였다. 그는 미아리 일대 달동네 빈민가에서 성남으로 이사 온 뒤 노동야학을 다니고 있었다. 그는 주민교회와 만남의 집 등에서 개신교와 가톨릭을 대표하는 빈민사목과 노동사목, 그리고 학생운동 출신 야학 교사들의 영향을 두루 받았고 방위병으로 입대하고 1년여 뒤 주민교회에서 광주학살의 실상을 들었다. 그의 유서에는 "내 작은 몸뚱이를 불 싸질러서 광주시민 학생들의 의로운 넋을 위로해드리고 싶습니다"라고 적혀 있었다.

김종태 분신 1년 뒤에는 서울대생 김태훈이 도서관 6층에서 "전두환 물러가라"를 세 번 연속 외친 뒤 투신했다. 광주학살에 항의하는 서울대 교내시위가 전개되고 있던 중이었다. 김태훈은 도서관에서 원서를 번역하고 있었고 창 너머로 침묵시위를 벌이던 학생들이 경찰과 사복형사들에게 구타당하며 끌려가는 것을 보고 분노하였던 것이다.

또한 5·18 당시 전남대 총학생회장이었던 박관현이 1982년 10월 12일 옥중 단식투쟁 끝에 사망하였다. 그의 죽음에 항의하는 투쟁이 전국의 교도소에서 이어졌고 분노한 시민들이 광주 시내 거리를 메웠다. 그리고 뒤이어 홍기일의 분신이 있었던 것이다. 송광영은 자기와 동년배이기도 했고, 청년 노동자라는 점 때문에 김종태와 홍기일에게 친밀감이 더 컸던 터라 이들의 죽음에 크게 영향을 받았다. 거기에 학원안정법이 도입되면 안 된다는 절박함이 그를 억눌렀다.

군사정권은 당시 야당인 신민당과 재야의 반대 등으로 학원안정법 제정을 잠시 미루는 듯하더니 2학기가 되자 다시 학원안정법을 강행할 조짐을 보인다. 이때 그는 분신을 해서라도 이를 반드시 저지하기로 결심한 듯하다. 시대를 온몸으로 받아 안은 사람이 할 수 있는 수단은 무엇일까? 그는 스스로가 노동자였으며, 청계천에서 젊은 날을 보낸 덕분에 전태일의 동지가 될 수 있었다. 또한 독서와 동아리 활동을 하면서 학생 동지들과 함께 해방 전후 한국사회를 들여다보고 문제의식을 공유하는 지식인이었다. 그러므로 그는 스스로 이 시대를 향해 목소리를 높여야 한다고 생각했다. 곁에 있는 가난한 동기들과 어린 후배들을 일으켜 세우기 위한 횃불이 되기로 한 것이다. 그는 독재정권에 대한 분노를 그의 글 '양심선언'과 '경원투사들에게'에 가감 없이 표현하고 있으며 이 생각은 평소 언행에서 자주 나타났다.

그가 바라본 군부독재는 '분단 40년 역사의 질곡에서 민중의 생존권과 피 쏟아지는 자유의 외침을 외면한 채, 오직 자신들의 권력에만 집착하여 또다시 역사의 수레바퀴를 거꾸로 되돌리려' 하는 세력이다. 그가 말한 '민중의 생존권과 피 쏟아지는 자유의 외침'은 무엇인가. 1970년 전태일 분신 이후 노동현장에서 활발히 벌어진 노동자의 권리와 노동조합 설립을 위한 민주노조 운동과 '8·10 성남 광주대단지 민권운동'이라 부르는 1971년 경기도 광주대단지 사건과 목동 상계동 철거민 투쟁 등으로 본격화된 빈민운동이다. 그가 싸워야 하는 상대는 장기집권을 시도하고 그에 저항하는 양심적 민주화운동의 흐름을 거꾸로 되돌리는 반민주 세력이었다.

이에 반해 저항하는 사람은 한 개인이고 매우 미약한 존재에 불과하다. 그들은 온갖 아픔과 상처를 가지고 있으며, 힘내서 일어서지 않으면 끝없는 악순환에서 제 목소리를 내기도 쉽지 않다. 그러나 개개인이 용기를 내고, 작은 싸움이 거듭되면 어떻게 될까? 작은 개개인의 싸움은 누적되면서 점차 큰 힘을 얻는다. 혼자가 아니라 집단으로 연대하면 하나의 흐름을 만들 수 있고, 이렇게 만든 에너지는 어떤 사건과 계기를 만나 폭발적으로 분출하여 세상을 흔들 수 있다.

송광영의 분신은 1980년부터 1987년 사이 한국사회에 형성되며 쌓이고 있던 저항이 폭발되는 계기이자, 저항세력이 서로 연대하는 동력이 되었다. 저항세력을 절벽 끝으로 몰아세운 학원안정법 제정을 꼭 막아야 한다는 확실한 의도를 가진 대학생 최초의 분신이었기에 대학가와 재야가 그의 뜻을 무겁게 받아 안았다. 그는 자신의 희생이 저항운동에 동력이 되길 바랐다. 그래서 그는 병원으로 찾아온 민주 인사들에게 "지금 밖의 상황은 어떻습니까? 여기 오시지 말고 밖에서 싸워주십시오"라고 말하며 자신의 분신을 투쟁으로 이어가 줄 것을 당부하였다. 그리고 실제로 그가 바라던 일이 벌어졌다. 그의 횃불 아래 많은 이들이 싸웠고 학원안정법은 역사 속으로 사라졌다. 이 싸움이 아니었다면 학원안정법은 그대로 통과되었을지 모른다.

그뿐 아니다. 광영의 정신을 계승하기 위한 학생과 재야, 유가족들의 뜨거운 투쟁은 2년 뒤 87년 6월 항쟁으로 계속 이어진다. 이 거대한 민주주의 물결에 송광영의 분신은 지대한 영향을 끼쳤다. 학원안정법이 통과되었더라면 대학생의 투쟁은 거의 불가능에 가까웠을 것이고 그만한 저항의 거대한 물결을 형성하지 못했을 가능성이 크다. 1980년 광주의 정신을 계승한 송광영의 열사정신은 1987년의 민주화운동 정신으로 이어진다. 1987년 민주화운동은 이후 평가는 엇갈리지만 이를 통해 대통령 직선제를 할 수 있게 되었고 평화적인 정권 교체와 형식적인 민주주의를 쟁취할 수 있었다는 역사적 의미가 크다. 송광영의 분신은 그 물결의 중심이었다. 그러나 그의 분신이 한국 민주주의 역사에 끼친 영향이 큼에도 평가는 충분한가 하는 질문이 계속 남는다. 왜냐하면 그때의 저항정신을 우리가 충분히 들여다보고 평가할 수 있을 때, 지금도 여전히 계속되고 있는, 혹은 더욱 강화되고 있는 세상의 부조리와 불합리, 불평등을 바꾸어 나갈 힘을 갖춰나갈 수 있기 때문이다. 그리고 이것이야말로 진정한 열사정신의 계승이 아닐까?

❖ 학원안정법 시안(주요 내용)

[주요내용]
• 반국가이념 표현 서화제작 체형, 현장학습 위주 우수자 조기수료, 학생선도교육실시

[대상자]
• 선도교육의 대상자는 이 법을 위반하거나 학원소요와 관련하여 형법, 폭력행위 등 처벌에 관한 법률, 총포 도검 화약류 단속법, 집회및 시위에 관한 법률 국가보안법 등 처벌법규를 위반한 범법학생 중 선도의 가능성이 있는 자임. 따라서 범법행위가 극히 불량한 자나 선도의 가능성이 없는 자는 대상에서 제외됨.

[결정절차]
• 검사가 범법학생을 조사하여 선도교육을 받게 하는 것이 적당하다고 인정될 때에는 이를 문교부에 설치하는 학생 선도교육위원회에 요청함.
• 학생 선도교육위원회는 선도교육의 실시 여부와 그 교육 기간을 결정함. 교육위원회의 설치
• 선도교육은 형사처벌을 면제하는 대신에 교육을 실시하는 처분이므로 그 대상자의 선정이나 교육 기간 등을 결정함에 있어서는 단순한 법적인 판단보다는 선도교육의 취지에 따라 신중하게 판단하여야 할 것이므로, 학원 문제에

관한 전문가를 폭넓게 참여시켜 선도를 목표로 하는 교육적 판단을 하도록 하기 위하여 정부 내에 준사법적 기관의 성격을 가진 학생선도교육위원회를 별도로 설치함.

[실시 내용과 방법]
- 선도교육은 문교부 장관이 실시하며 필요한 때에는 별도의 교육기관을 설치할 수 있도록 함.
- 선도교육은 정부산하 각종 교육시설 적합한 장소에 수용하여 합숙교육으로 실시함.
- 교육내용은 공산주의 이론, 해방신학, 종속이론, 매판자본론, 신제국주의론, 네오마르크시즘 등 급진 사조의 비판 등 폭넓은 의식전환 교육과 첨단산업체, 노사화합기업체, 판문점 접적 지역, 고아원 등의 시찰과 같은 현장학습 등을 내용으로 하고 교육대상자의 의식화 경중에 따라 교육내용 시간 배정을 달리하여 선도교육 효과를 높임.

[교육기간]
- 교육 기간은 6개월 이내에서 선도 가능성의 정도에 따라 학생선도교육위원회가 엄격한 심의를 거쳐 결정하되 교육 중이라도 교육성과가 우수한 자에 대하여는 교육 기간을 단축하여 조기에 수료시킬 수 있도록 하고,
- 반면에 교육 기간 중에 교육을 거부하거나 교육장소를 무단이탈하는 등 질서문란자에 대하여는 교육을 중지하고 검사에게 통보하여 형사처벌을 받도록 함.

[교육수료자 혜택]
- 학원소요와 관련된 범법학생에 대하여 종전에는 각 학교의 징계조치로 제적을 하는 경우가 있었으나 선도교육의 목적이 개선을 위한 교육에 있는 것이므로 선도교육을 수료한 자에 대하여는 그 범행 사실을 이유로 학교에서 제적시킬 수 없도록 하고,
- 또한 그 범행 사실을 이유로 검사가 공소를 제기할 수 없도록 하여 다시 형사처벌을 받지 아니하도록 함.

[학생단체지도 및 감독 내용]
가. 학생단체의 건전한 지도육성＝학교의 장으로 하여금 학생단체를 건전한 방향으로 지도 육성하여 학생단체 본연의 자세에서 면학 분위기를 조성하는데 힘쓸 수 있도록 함.

나. 학원소요를 위한 경비사용의 금지
- 학교의 장으로 하여금 총학생회와 같은 자치기구가 그 자율적 경비 기타 학생단체의 경비를 학원소요를 주도, 조장하는 데 사용하지 못하도록 금지함.
- 학원소요를 주도, 조장하는 데 사용할 경비를 조달하기 위하여 학생단체나 그 구성원이 자동판매기와 같은 수익시설, 설비를 운영하는 등 수익활동을 하는 것을 금지함.
- 동시에 학원소요를 선동, 조장, 지원하기 위하여 학생단체나 그 구성원에게 금품 등 편의를 제공하는 행위를 금지함.
- 위의 금지된 수익활동이나 금품 등 제공행위를 한 경우 5년 이하의 징역 또는 5백만 원 이하의 벌금에 처함.

다. 학원소요단체의 해산조치 등

- 학원소요를 주도, 조장할 목적으로 조직되거나 학원소요를 반복적으로 주도, 조장하거나 학원소요의 방지를 위한 학교의 장의 지도, 감독에 불응하는 단체에 대하여는 해산명령, 사무실·기타시설의 폐쇄조치 등 필요한 조치를 할 수 있도록 함.
- 이러한 조치는 1개 학교 내의 단체에 대하여는 당해 학교의 장이 행하고 2개 이상의 학교와 관련된 단체는 문교부 장관이 행함.
- 위의 조치에 불응하는 경우는 5년 이하의 징역 또는 5백만 원 이하의 벌금에 처함.

[소요조성행위 처벌 내용]

가. • 국가의 안전을 위협하거나 사회의 안녕질서를 현저히 해할 우려가 있는 점을 알면서 다음의 행위를 한 자에 대하여는 7년 이하의 징역이나 7백만 원 이하의 벌금에 처하고 그 미수범 및 예비음모자도 처벌함.
- 반국가단체의 사상·이념을 전파, 교육하는 행위
- 반국가단체의 사상·이념이 표현된 문서, 도화 기타 표현물을 제작 인쇄 수입 복사소지 운반 반포 판매하는 행위
- 허위사실을 날조, 유포하거나 사실을 왜곡, 전파하는 행위

나. 국가의 안전을 위협하거나 사회의 안녕질서를 현저히 해할 우려가 있는 점을 알면서 행하는 반국가단체 사상·이념 교육에 참가한 자는 3년 이하의 징역이나 3백만 원 이하의 벌금에 처함.

[적용범위와 유효기간]

가. 학원소요란

• 대학생이 학교 내외에서 집회·시위, 시설물의 점거·봉쇄, 폭발물의 사용, 집단적 수업거부, 기타의 방법으로 학원질서를 문란시켜 정상적 교육·연구 기타 운영을 방해하거나, 사회의 안녕·질서를 해하는 상태.

• 이는 학내질서 문란만이 아니라 학외에서의 시설물 점거 등에 의하여 사회의 안녕·질서를 문란하게 하는 상태를 포함함.

나. 학교·학생

• 이 법의 적용대상이 되는 학교는 대학(교육법상으로는 대학 사범대학 교육대학 방송통신대학 개방대학 전문대학과 이들에 준하는 각종 학교)에 한함.

• 학생은 이들 대학에 적을 가진 자임. 다만 선도교육대상에 관하여는 범행 후 학적을 상실한 자도 포함시켜 이들에 대한 교육목적도 달성하게 함.

다. 학생단체란

• 이 법의 적용대상이 되는 학생단체는 공동목적을 달성하기 위한 대학생의 결합체로서 그 구성원의 반수 이상이 대학생인 단체로서 학내외 단체를 불문하고 또한 그 연합체도 포함함.

라. 유효기간

학원소요 그 자체는 상존하는 것이 아니고 현재와 같은 심각한 현상은 일부 좌경화된 소수 학생이나 집단에 의하여 주도된 일시적인 현상이라 할 것이므로 이들에 대한 대응책으로서의 이 법은 그 성격상 학원안정이라는 목적이 달성되면 불필요하다 할 것이므로 1988년 12월 31일까지 효력을 갖는 한시법으로 하여 그 기간이 지나면 자동 폐지되도록 함.

1985 송광영

4

사망, 열사정신 계승 (1985.10.21-)

송광영의 투병은 9월 17일부터 10월 21일까지 34일간 계속되었다. 그의 모습은 가족들도 차마 볼 수 없어 고개를 돌려야 할 정도로 끔찍하였다. 아들을 본 이오순은 온몸에 붕대를 감고 고통스러워 하는 이가 그토록 사랑하는 막내아들이라는 것을 믿고 싶지 않았다. 화상 치료의 극심한 고통은 이루 말할 수 없었다. 스스로를 십자가에 매달아 형벌을 받고 있는 것과 비슷하였다.

34일의 투병과 분신구명 활동

9월 17일, 송광영이 성남병원에서 다시 서울대병원으로, 또 서울의 동북쪽 끝에 있는 면목동 기독병원으로 옮겨지며 사경을 헤매는 사이 어느새 날이 저물었다. 학생들은 혹시 학교 전화로 올지 모를 병원 소식을 기다리는 한편, 이후 어떻게 할지 대책을 의논하기 위하여 학교에 남아 있었다. 상당한 충격을 입은 상태에서 광영의 생사도 걱정되고, 왜 분신까지 해야 했을까 생각하느라 그들은 정신이 없었다. 아마도 점심부터 계속 끼니도 걸렀을 것이다. 그들은 광영이 평소 머물렀을 공간들을 다니며 그의 물건을 챙겼다. 거기서 광영이 늘 가지고 다니던 여행 가방을 발견하고, 양복 윗주머니에서 그가 쓴 일기장을 발견하였다. 광영의 고뇌가 담긴 글과 시대에 대한 생각들이 담긴 글을 읽으며 침울함과 슬픔이 교차하여 한동안 모두 말이 없었다.

일기장은 9월 5일이나 6일경까지 적혀 있었는데 광영의 철학과 다짐, 세상을 향한 통찰이 담겨 있었다. 그들은 광영의 일기장이 훗날 중요한 증거가 될 것을 직감하였다. 경찰이 광영의 분신 장면을 촬영한 학생의 집까지 찾아가 압수수색을 하며 모든 기록을 회수하려고 기를 썼던 것을 보면 일기장은 열사정신을 엿볼 수 있는 보존 가치가 높은 자료였음이 틀림없다. 그러나 잘 간직하기 위하여 시도한 일은 결과적으로는 오히려 좋지 않은 결과를 낳았다.

일기장을 읽은 후 학생들은 한껏 고무되었다. 일기장에 담긴 비장한 각오와 세상에 대한 견해들은 그동안 개인적인 신세 한탄이나 하며 유약하게 살아가던 날들을 반성하게 하는 힘이 있었다.

'맞아, 광영이 유서처럼 남겨 둔 〈경원 학우들에게〉 그리고 〈양심선언〉에 쓴 것처럼 이 땅의 민중들이 고통받고 있을 때 일신의 안위만을 위해 살아서는 안 돼.' 모두는 그런 생각을 했었던 것 같다.

그들은 결연한 자세로 다음날의 싸움을 결의하고 밤 12시경 조심스럽게 학교 밖으로 나섰다. 일기장을 가슴에 품었던 한 친구가 무언가 걱정스러운 얼굴을 하고 있자, 다른 학우가 받아서 다시 바지춤에 끼워 넣었다. 여차하면 들고 달아날 생각이었다.

그러나 어떻게 알았는지 정문 밖에서 경찰이 아예 진을 치고 기다리고 있었다. 일행은 금방 잡혔고 닭장차라 불리는 전경차에 몸이 구겨 넣어져 성남경찰서로 연행되었다. 몇 차례 주먹질과 발길질에 치이고 험한 말이 마구 쏟아졌다. 오후 내내 진이 빠져 있었기에 그들은 힘없이 경찰에게 끌려갔다.

늦은 시각임에도 성남경찰서 3층에는 불이 환하게 켜져 있었다.

데모할 때 가끔 마주치던 사복형사 몇이 윽박지르며 남녀 학생 일곱 명의 어깨를 눌러 찬 바닥에 쪼그려 앉게 했다.

"가방에 있는 거 다 꺼내!"

주섬주섬 물건을 꺼내놓자 뒤이어 몸수색이 시작되었다. 결국 광영의 일기장이 발각되고 말았다. 그렇게 그들의 손에 들어간 일기장은 지금까지 찾지 못하고 사라지고 말았다.

심문 내내 그들은 굴욕적인 말을 들으며 유치장의 차가운 바닥에서 시간을 보내야 했다. 사실 이들이 잡힌 이유는 어떤 불법적인 행동을 해서라기보다 이후 학생들의 결집을 막기 위한 경찰의 의도가 컸을 것이다. 이후 경찰과 안기부의 행동을 보면 주동자급을 구금하여 학내 결집을 막고, 추가적인 대규모 집회와 여론을 막아 정권을 비호하려는 의도가 명백해 보인다.

나머지 학생들은 병원으로 간 광영의 소식과 경찰에 잡혀간 학생들의 소식을 기다리면서 긴긴밤을 보내야 했다.

17일 오후 3시쯤 상대원 입구에 있던 산자교회로 찾아온 두 명의 학생으로부터 송광영의 분신 소식을 들은 김해성(당시 전도사)은 녹음기와 사진기를 챙겨 성남병원으로 향했다. 그러나 그사이 송광영은 서울대병원으로 이동한 상태여서 그는 다시 택시를 잡아타고 성남에서 서울로 출발한다. 도착한 서울대병원 응급실에는 온몸에 화상을 입고 송광영이 누워 있었다. 그는 전신이 새카맣게 그을리고 얼굴이 퉁퉁 부은 상태였으나 의식이 있었다. 김해성은 자기소개 후 조심스럽게 송광영에게 하고 싶은 말을 하면 녹음기로 남기겠다고 하자,

"학원안정법 철폐하고 독재정권 물러가라!"

"광주학살 책임지고 전두환은 물러가라!"

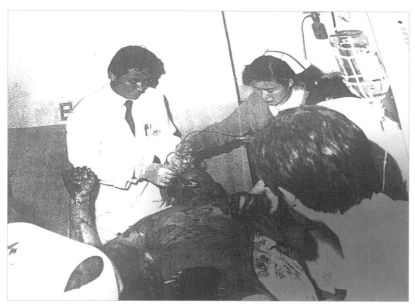

병원에서 치료받는 송광영

광영은 고통 속에서도 이 두 구절을 또렷이 말했다. 뒤이어 의사가 찾아와서는 이곳에는 입원실이 없으니 전원 조치하겠다고 이야기한다. 광영은 구급차를 타고 면목동 기독병원으로 향했다. 김해성도 택시를 타고 기독병원으로 뒤따른다. 그러나 도착해보니 어떻게 알았는지 이미 2천여 명의 전투 경찰들이 병원 주변을 겹겹으로 둘러싸고 있었다. 김해성은 전태일과 김종태, 홍기일이 떠올랐다. 광주에서 죽어간 사람들이 떠올랐다. 광영처럼 목숨을 걸지 못하였지만 그의 선택과 마음에 이해가 갔다.

그렇게 9월 17일의 뜨거운 하루가 흘렀다. 그날 이후 병원에서 화상의 고통과 싸우는 송광영을 중심으로 군사정권을 향한 학생들과 민주화운동 진영의 저항은 더욱 거세어졌다. 송광영은 병원에 찾아온 사람들에게 지속적으로 투쟁을 독려하였고 학생들은 병원과 학교에서 그가 외치던 구호를 뒤이어 외치며 싸웠다. 외부 대학생들도 소식을 듣고 병원을 찾아오거나 자신들의 학교 집회에서 송광영 이야기를 하며 결의를 다졌으며 성남지역 민주화운동 단체들과 전국적으로 조직되어 있던 각 부문별 운동단체, 종교단체들도 광영의 분신 사실을 알려 나갔다.

광영의 분신 사실과 이유를 알리는 일이 곧 군사정권의 만행을 폭로하는 일이었기 때문이다. 이와 반대로 경찰과 안기부는 이를 막기 위해 바쁘게 움직였다. 병원에는 안기부에서 나온 과장이 직접 지휘권을 휘두르면서 상황을 통제하고 광영과 외부 접촉을 철저히 차단했다. 입원실이 중환자실이다 보니 정해진 시간 외에는 면회가 불가능했는데, 병원 입구부터 방문객의 신분을 일일이 확인하며 출입을 차단했다. 주어진 면회시간조차 가족과 학교 교수대표, 학생 대표 등 정해진 인원의 접견만 허락했다. 경찰은 병원 주변에 의심스러운 사람들이 보이면 전부 검문 검색하여 관련 자료를 전부 압수하고 연행하였고, 그들이 요주의 인물로 지켜보고 있는 재야인사나 반정부 인사들이 광영과 접촉하지 못하게 막았다. 이 분신이 가져올 사회적 파장을 알고 있었기 때문이다.

병상에 있는 광영은 단호했다. "나는 죽어야 할 사람이다. 깨끗이 죽겠다"며 치료와 음식을 거부했다. 그는 죽기를 각오하고 분신했던 그 마음을 놓지 않았다.

다음 날인 9월 18일, 경원대학교 교내시위에는 더 많은 학생들이 모였다. 한 사람의 외침이 수백 명의 외침으로 번졌다. 거기에 '연행 학생 석방하라'는 구호가 더 늘었다. '학원 악법 철폐하라, 전두환 독재정권 물러가라'는 구호가 운동장에서, 그리고 학교 앞 거리에서 울려 퍼졌다. 학생들은 '민주 학우들에게'라는 성명서를 만들어 배포하였다.

시위를 마친 후 학생들은 기독병원으로 이동하여 병원 앞에서 집결하기로 하고 개별적으로 움직인다. 그러나 병원은 전날과 마찬가지로 경찰의 철통 방어로 차단되어 있었다. 학생들은 병원 밖에서 혹시 면회라도 가능할까 싶어 기다렸으나 상황이 여의치 않자 병원 밖에서 구호를 외치고 노래를 몇 곡 부르며 병원 안에서 사투를 벌이고 있는 광영과 그들을 앞에서 가로막고 있는 경찰, 그 너머 군사정권을 향해 분노와 저항 의지를 표출하였다.

분신구명대책위 출범

광영의 분신 후 며칠이 지났다. 이제 소식은 전국의 재야인사와 야당,
학원가까지 퍼져 나갔다. 85년 9월 26일 오후 8시, 목요 예배가 끝난 후
서울 기독교회관에는 광범위한 단위가 참여하여 광영의 분신을 어떻게
살려 나갈지 회의가 열렸다. 여기서 송광영 분신구명대책위원회가 구성
되었다. 19일에 구성된 성남지역 대책위원회보다 확대된 13개의 조직이
참여하였다.

경원대 민주학우일동성명서

민주통일민중운동연합성명서

당시 참석자는 곽태영(민주통일 인권위원장), 최석기(경원대생 2학년), 이해삼(KSCF), 이종현(가족 대표, 민청), 이협(민주헌법협의회 인권위원장), 정시진(민주언론운동협의회), 이해학 목사(주민교회), 김해성 전도사 등이었다. 이들은 이 조직에 힘을 실어줄 재야의 명망 있는 어른을 중심에 세우고 '송광영동지 분신구명대책위원회'의 이름으로 성명서를 내고 함께 싸우기로 결의하였다. 위원장에는 문익환 목사, 부위원장에는 김승훈 신부(당시 홍제동 성당, 정평), 김동완 목사(목협), 이해학 목사(주민교회) 곽태영(민통련 인권위원장), 이협(민언련 인권위원장)으로 정하고 총무로 김해성 전도사가 정해졌다.

이날 모인 사람들은 선전홍보, 병원 현장 보호와 감시, 예산 모금, 자

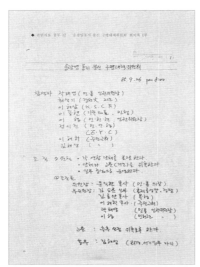
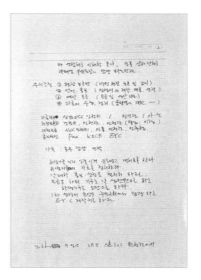

분신구명대책위원회 회의 노트

료의 수집과 정리 등에 역할을 나누었다. 그리고 성명서 초안을 함께 검토하고 의견을 모았다. 성명서는 모조 용지 4면으로 하여 1만 부가 인쇄되었다. 내용은 1면에 열사의 사진과 약력 그리고 분신 경위를 싣고 2, 3면에 성명서를 게재하고 4면에 열사의 양심선언문을 실었다. 이를 각 기구가 나누어 배포하기로 하고 좀 더 넓은 단위에서 문제를 알리기 위해 종교계 인사를 보강하기로 한다. 자칫 사안을 특정 단체나 일부 정치적 요구로 축소시켜 탄압할 수 있었기 때문이다.

회의록에 따르면 분신구명대책위는 9월 27일 오후 6시 반까지 '송광영 동지 항거에 붙여'라는 성명서의 문안 작성을 완료하고 28일 오전 9시까지 제작을 마치기로 하였다. 성명서에는 면목 기독병원의 위치와 주

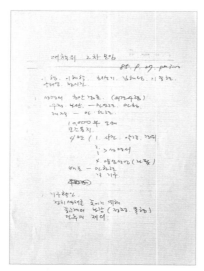

분신구명대책위원회 회의 노트

소 그리고 전화번호 등을 파악 후 게재하여 더 많은 사람들이 연대할 수 있게 열어두었다. 그러나 곧 추석이 다가오기 때문에 이후 일정을 잡는 일이 쉽지 않았다. 모인 사람들은 10월 2일 오전 11시 기독병원 대기실에서 3차 모임을 하기로 약속한다. 병원 출입이 통제되어 개별적으로 병원에 진입할 수가 없는 상황이라 인원을 더 모아서 3차 모임 후 병원 진입까지 하기 위해 각 단위별로 더 많은 인원을 모아올 것을 결의한다.

이러한 기록으로 보아 송광영의 분신에 종교, 정치, 인권, 언론 운동을 하는 모든 민주화운동 진영, 양심적인 사람들이 모인 곳에서 공감하고 있음을 알 수 있다. 당시 주요 신문에 단 한 줄도 실리지 않은 것과는 완전히 대비된다. 안기부의 지휘로 철통같이 병원을 차단했던 것처럼 언론

구명대책위성명서

을 차단하고 있었으나 군사정부는 사안의 심각성을 인지하고 있었다. 그들은 학원안정법을 꺼냈으나 전국적인 반대와 야당의 저항에 심각하게 부딪혔고 광영의 분신이 정권에 타격을 줄까 봐 전전긍긍하고 있었다.

전국 곳곳에서 집회·시위가 전개되고 광영의 분신 사실을 알렸기에 중앙 언론의 보도가 없어도 소문은 일파만파 퍼졌다. 9월 20일부터 10월 내내 각종 집회에 뿌려진 유인물에는 송광영의 분신 사실이 기사화됐다. 특히 성남지역은 공단에 유인물을 뿌려 노동자들이 송광영의 분신 소식을 알게 되었다. 그리고 그가 왜 목숨을 걸고 저항했을까 하는 근본적인 질문을 두고 우리 사회의 여러 문제와 모순에 대해 뜨거운 토론이 이어졌다.

성남노동소식

제 2 호
1985. 9. 25.
성남생존권확보투쟁위원회

생존권 확보를 위해 다함께 투쟁하자 !

> " 500 억불이 넘는 외채를 짊어지고 온갖 수입상품의 개방정책으로 농가는 파탄에 빠지고 노동자들의 허리는 갈수록 조여들건만 현 군부독재정권은 이러한 민중의 도탄을 무시한 채   오직 총·칼로써 권력에의 복종을 강요하고 있다. " ……중략…… "이러한 우리의 결연의 의지는 결코 독재정권이 총·칼이나 학원안정법 따위의 악법으로도 복종을 강요할 수 없음을 나는 안다 "
> － 송광영동지의 '양심선언' 중에서

9월 17일 경원대학교에서는 온몸을 불태우며 " 민중생존권 보장하라 ! " " 학원안정법 철폐하라 '고 절규하는 한 청년의 처절한 몸부림이 있었다. 송광영동지 ! 가난한 집안의 아들로 태어난 그는 74년 75년에는 청계천에서 재단사로 일하면서 노동조합 활동에 앞장서 노동자 권리회복에 노력하기도 하였다.

누가 우리 동지 송광영을 죽였는가?

정권을 유지하기 위해서 민중생활을 도탄에 빠트리고, 야만적인 폭력성과 남의 나라의 돈, 힘에게 대어 스스로 그들에게 종속되고자 혈안이 된 현 군사독재정권은 '학원안정법' 이라는 사상유례없는 악법을 제정하여 학원 뿐만아니라 기본적인 생존권을 요구하는 노동자들도 탄압하려 하고 있다.

더우기 민정당이 최근 전 노동자의 열망인 노동법 개정을 못하겠다고 뻔뻔스럽게 신문지상에 발표한 사실과 민주노조를 지키려던 동일방직 여공에게 똥물을 머금인 노동운동탄압의 기수인 김명배를 복직시킨 점은 현정권의 노동자의 희생을 바탕으로 존재한다는 사실을 더욱 분명하게 해준다.

이제, 이땅을 사랑하는 피끓는 젊은이의 양심으로 도저히 방관할 수 없다는 송광영동지의 외침은 더욱 우리 가슴속에 살아 더 큰 함성으로 퍼져나가야 한다.

자 ! 우리 모두 생존권 확보의 대열에 앞장서자.

- 46 -

85년 9월 성남노동소식

"악에 굴복하지 말고 선
으로써 악을 이겨 내십시오"
(롬 12:21)

발행인 : 한국기독청년협의회
(KSCF)
전화 : 763 - 8776
호 외 : 1985. 10. 24.

民主長征

어둠을 불사르고 타오르는 생명이여!

온 몸으로 독재에 항거한 송광영 열사 급기야 절명

경원대학 전면시험거부

열사를 또 다시 살해한 군사독재정권!

- 시신 지키던 민주인사 강제연행, 병원봉쇄, 장례방해 -

- 49 -

85년 10월 민주장정

1985 송광영

증상의 호전, 갑작스러운 사망

송광영의 투병은 9월 17일부터 10월 21일까지 34일간 계속된다. 가족 중에 먼저 병원으로 달려온 사람은 둘째 형(송한영)이었다. 처음 그가 본 광영의 모습은 화독으로 인해 도저히 알아볼 수 없는 상태였다. 눈 뜨고 볼 수 없어 고개를 돌려야 할 정도였다. 어머니 이오순은 입원 며칠 후 병원으로 왔다. 자식들은 고령의 어머니가 놀랄 것을 걱정하여 처음에 연락을 미루다가 결국 알릴 수밖에 없었다. 아들을 본 이오순은 처음에는 알아보지 못하였다. 온몸에 붕대를 감고 퉁퉁 부은 몸으로 고통스러워하는 이가 그토록 사랑하는 막내아들이라는 것을 믿고 싶지도 않았다.

기가 막힌 것은 광영의 태도였다. 그는 전혀 후회하는 빛이 없었다. 하도 당당하여 어머니 이오순은 또 한 번 기가 찼다. 도대체 민주주의가 뭐길래, 순하고 다정한 우리 아들을 저리 만들었을까. 우리 아들을 저리 만든 이는 다 적이라고 생각하였다. 그래서 얼이 나간 상태로 찾아오는 사람들에게 퉁명스럽게 대하고 '저들 때문에 내 아들이 이리되었는가?' 생각했다고 한다. 병원에는 소식을 듣고 재야인사들이 찾아왔다. 그러나 병원의 문을 열고 중환자실까지 오기에도 많은 어려움이 있었다. 들어오기도 전에 경찰에 잡혀 어딘지 알 수 없는 곳에 버려지거나 아예 입구에서 막아서기도 하였다. 일부러 병원에 들어오려고 안대를 하는 등 아픈

척을 하면서 어찌어찌 들어오거나 상황이 바뀌기를 바라며 마냥 기다려야 했다. 처음 면회에서 문익환 목사는 송광영의 당당함에 놀랐다. 싸우지 않고 왜 여기 왔느냐는 말에 계훈제 민통련 부의장도 뜨끔할 수밖에 없었다. 둘 다 70을 앞둔 노인으로, 평생 저항운동에 몸을 바친 사람들임에도 송광영의 기개에 자신을 한 번 더 돌아보았다고 했다.

그는 재야 운동계의 두 어르신에게 다시 자기의 신념을 말하며 밖의 상황을 물었다. 이오순은 노구의 어른들이 힘들게 광영을 만나러 오고, 여러 명의 기자가 찾아오는 것을 보면서 아들의 결단이 예사롭지 않음을 직감했다. 광영은 앞일을 예견하였는지 "나 죽으면 시체를 탈취해 갈 것이니 꼭 지켜달라"고 두 번씩이나 거듭 말하기도 하였다. 이미 홍기일 열사의 사례에서 벌어졌던 일이다.

식사와 치료를 거부하던 광영은 어머니와 가족의 설득에 마침내 치료를 받아들인다. 화상 치료의 극심한 고통은 이루 말할 수가 없었다. 스스로를 십자가에 매달아 형벌을 받고있는 것과 비슷했다. 십자가 처형은 사람을 십자가 형틀에 묶고 손발을 대못으로 박아 움직일 수 없게 한 뒤, 갈증과 굶

회복중인 송광영

주림으로 사람을 말려 죽이는 형벌이다. 십자가 형벌은 그 고통이 너무나 크고 또한 상징적이라 큰 죄인에게나 내리는 가혹한 형벌이었다. 화상 치료의 과정은 여기에 비유되곤 한다. 하물며 전신 화상은 어떻겠는가. 상처 부위에서 올라오는 고통과 따가움, 허물고 헤진 살점을 긁어내는 아픔까지 동반한다.

상처에서는 진물과 피가 계속 나왔다. 붕대를 감으면 곧 상처와 함께 얼룩이 묻으며 굳는다. 얼룩지고 딱딱해진 붕대를 한 겹 한 겹 벗기는 일부터 쉽지 않다. 자세를 취하기도 어려웠을 것이다. 전신에 소독약을 발라야 하기 때문에 아예 커다란 수조에 소독약을 풀어서 그 안에 몸을 담갔다. 이어서 고름과 진물을 긁어내어 닦고 약을 바른 후 다시 붕대를 감는 일을 반복한다. 보는 사람도 차마 견디기 힘들고, 당사자는 아무리 이를 악물고 버티려 해도 참을 수 없어 처절한 비명을 지를 수밖에 없는 과정이다.

송광영이 비명을 지르고 악을 쓸 때마다 가족들은 차마 쳐다볼 수 없어 고개를 돌렸다. 그러나 광영은 몸이 겪는 고통보다 더 아픈 마음의 고통을 겪어야 했다. 그저 살아만 달라고 기도를 하는 가족을 보며 그는 마음을 다졌다. 몸에 남은 이 상처만큼 어머니의 상처가 더욱 크게 보였다. 죽어야 하는데… 아니, 살아야 하는데… 죽지도 못하고 살지도 못하는 처지가 분신을 결심하기 이전과 다를 바 없었다. 그가 선택한 최후의 저항은 결국 어머니와 민중을 살리기 위한 길이 아니었던가. 광영은 그 고통의 기나긴 수행의 시간으로 생각하였다.

시간이 흐르면서 송광영은 점차 회복 기미를 보였다. 가족들은 처음에는 포기했다가 다시 조금씩 기대를 갖게 되었다. 그러기에 갑자기 찾아온 사망 소식은 납득하기 어려웠다. 처음에 그의 모습을 본 기독병원 의료진은 거의 회생 가능성이 없다고 했다. 그러나 광영이 치료를 받기로 결정한 뒤로 희망이 생겼다. 불굴의 의지와 어려서부터 다져진 기초 체력, 가족들의 헌신적인 노력에 힘입어 절망은 희망으로 조금씩 기울고 있었다.

치료가 호전되면서 그는 우유와 사과, 김치 등을 씹어먹을 수 있는 상태가 되었다. 어머니의 김치 맛을 보더니 이건 누가 담아준 김치냐며 이렇게 맛있을 리가 없다고 농담을 할 정도였다. 그의 바로 위 셋째 형은 결혼을 앞두고 있었는데, 형수에게 결혼을 앞두고 이런 일을 겪게 해 미안하다면서,

"제가 꼴이 이래도 옷으로 화상을 가리면 결혼식장에 갈 수 있을 겁니다. 결혼식장에는 꼭 참석할게요" 하고 말하기도 했다.

병원은 늘 긴장감으로 가득했다. 경찰은 매일 광영의 상태를 확인하면서 찾아오는 사람을 감시할 정보원이 필요했다. 송광영은 간호사를 의심했다. 그에게 가장 큰 고통을 주고 있는 사람이라서 그랬는지, 정말로 그가 안기부와 경찰의 사주를 받는지는 확인되지 않지만 정황상 충분히 개연성이 있다. 그때의 독재정권은 잔혹한 고문과 폭행, 거짓선전, 여론몰이 등 수단과 방법을 가리지 않는 집단이었음이 이후 많은 이들의 폭로로 드러났기 때문이다.

아무튼 간호사는 환자의 상태를 가장 가까이에서 보고 있는 사람이었고, 협박과 회유 등 여러 가지 방법으로 포섭하기 좋은 사람이었다. 그래서 광영은 가족에게 '간호사가 이상하다' '병원을 옮겨달라'는 말을 여러 번 하였다. 훗날 가족들은 그의 말대로 하지 않은 것을 두고두고 후회하고 아파하였다. 그러나 협약에 의해 치료비 전액을 학교가 부담하고 있고, 병원을 옮기면 치러야 할 복잡한 절차들이 있기에 가족들은 기독병원을 믿으며 치료에 의존할 수밖에 없었다.

중환자실이라 아침저녁 짧은 시간에 한정된 면회만 허용되어 송광영은 죽기까지 홀로 외롭게 고통과 싸웠다. 누나는 이즈음 의사에게 '좋아지고 있다'는 말까지 듣는다. 그러나 호전되는 줄 알았던 그의 상태는 다시 급격히 나빠지는데, 특히 임종 사흘 전부터는 구토와 고열에 심하게 시달렸다. 그의 누나는 "저녁에 면회하고 나오는데, 여태 없었던 전경차가 다시 보여 예감이 이상했다"고 회고한다. 가족들에게 상황이 악화되었음을 알리기 전부터 병원과 경찰은 서로 긴밀히 연락을 주고받고 있었던 것으로 보인다.

10월 20일, 저녁 면회시간이 되었다. 가족들이 걱정스러운 얼굴로 중환자실로 들어갔다. 광영은 40도 이상의 고열에 시달려 통제력을 상실한 상태였다. 그래도 식구들은 지금까지 더 힘든 치료 과정도 잘 견뎌왔기 때문에 이 고비만 넘기면 괜찮을 거라고 서로 위로하였다. 그러나 이오순은 이상한 예감이 들어 평소 같으면 집으로 갔을 둘째 아들에게 병원에 남아 있으라고 말하였다.

저녁 내내 광영은 중환자실 안에서 "엄마 엄마!" 하며 가족을 찾고, "간호원!" 하고 소리를 지른다. 가족들은 면회 제한 때문에 안으로 들어가 볼 수도 없고 발만 동동 구를 뿐이었다. 간호사가 급히 왔다 갔다 하고 심상치 않은 시점에 밤 10시쯤부터는 그의 혀가 굳어 소리도 불분명해지고 있었다.

새벽 1시. 날짜는 이미 10월 21일로 바뀌어 있었다. 갑자기 의사가 보호자를 급히 부른다는 호출이 왔다. 그는 가망이 없다고 말하면서도 가족의 면회 요구는 들어줄 수 없다고 하였다. 그러나 시간이 조금 흐른 뒤 안 되겠는지 면회를 허락하고, 뒤늦게 가족들이 들어갔을 때는 이미 광영은 운명한 뒤였다. 1985년 10월 21일 새벽 1시 45분. 송광영의 임종선고가 내려졌다.

송광영은 "나를 마지막 희생으로 기필코 민주사회를 건설해야 한다"는 말을 마지막 유언으로 남기고 끝내 남은 불꽃을 태우고 산화했다.

썰렁한 장례식장

조문 대기 중인 민주인사들

장례식도 치르지 못하고 한밤중에 금촌에 안장되다

10월 21일 새벽 3시 30분에 면목동 기독병원에 송광영 분신구명대책위 사람들이 하나둘씩 모여들었다. 슬픔과 비통함이 온 병원을 감쌌다. 그러나 마냥 울고만 있을 수는 없었다. 시신을 지키고 장례를 무사히 치러야 할 과제가 있었다. 광영이 생전에 몇 번 걱정하며 말하였듯 시신을 경찰에게 빼앗기면 소리소문없이 매장되거나 강제 부검 후 엉뚱한 결과로 분신의 의미를 깎아내릴 가능성이 있었기 때문이다.

비슷한 사례가 많았다. 광영의 분신 4개월 전 홍기일 열사와 가족들이 그 일을 겪었다. 낮에 운명하면 경찰이 시신을 탈취하기가 힘들어 병원과 짜고 밤까지 강제로 산소호흡을 시키며 연명하다가 새벽에 산소호

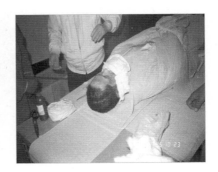

입관한 모습

흡기를 제거하고 사망을 확인하였다. 그리고 부친을 동행시켜 야산에 매장해 버린 일이 바로 얼마 전 일어났던 것이다.

가족들은 광영이 잘 치료되고 회복되는 중이라고 믿었기 때문에 갑작스러운 사망에 너무나 황망하였다. 이해할 수 없는 정황이 한두 가지가 아니었다. 먼저 특별한 이유 없이 병세가 갑자기 악화된 점이다. 19일부터 상태가 나빠져 아침 면회시간에 먹은 죽을 토하는 것을 보았음에도 의사는 호전되고 있다고 말하고, 그러면서도 또 혹시 사망하면 화장을 할 거냐, 매장할 거냐고 물어보면서 가족의 장례준비를 미리 떠본 점도 매우 수상하였다. 또한 이때부터 전경차가 병원을 이미 겹겹이 둘러싸고 있었던 점도 생각할수록 의심스럽다. 가족들의 주장은 곁에서 24시간 지켜볼 수 없는 조건이었기 때문에 분명한 사망 원인을 알 수 없다는 것이고, 이 의심은 지금도 해소되지 않았다.

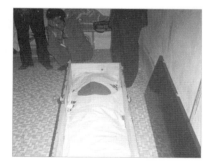

투병 34일 만에 갑작스러운 광영의 사망으로 인하여 유가족, 대책위, 학생들은 경찰과 팽팽한 긴장을 다시 이어간다. 한쪽은 아무 일 없었다는 듯 덮고자 했고, 다른 한쪽은 열사의 뜻에 따라 그가 왜 자신의 몸에 불을 질러야 했는지 온 세상에 알려야만 했다. 이날 이후 병원 영안실에 빈소를 마련했으나 경찰은 조문객을 허용하지 않았고, 장지를 강원도 홍천 어디로 정했다면서 유가족과 협의 없이 일방적으로 장례를 밀어붙였다. 가족들은 대책위에 전권을 위임하고 사회장을 해야 한다고 줄곧 주장하였으나 받아들이지 않았을뿐더러 시신탈취 시도, 조문 금지 등을 일방적으로 진행하여 유가족의 분노를 샀다. 조문을 위해 찾아온 학생들은 강제 연행되었고, 경찰은 미리 정해둔 장지를 알려주지 않은 채 서둘러 버스를 출발시켰다.

이때 구명대책위에서 수소문 끝에 정한 장지는 주민교회 신도였던 김종태가 묻혀 있던 금촌 기독묘지였다. 그런데 누군가 버스 기사에게 슬쩍 목적지를 물어보니 금촌이 아닌 다른 곳으로 갈 거라고 대답한다. 그 바람에 광영의 누나는 버스를 출발시킬 수 없다며, 가려거든 나를 죽이고 가라고 목을 매달아 죽겠다며 버티며 저항하였다. 유가족 역시 버스 앞에서 길을 막고 목적지를 바꾸지 않으면 출발할 수 없다고 강경하게 반대하고 싸웠다. 옥신각신 끝에 버스가 겨우 금촌에 도착했을 때는 이미 저녁이 되어 버렸다. 사망 이후 유가족과 장례위원회는 줄곧 시민장을 요구하였으나, 결국 송광영의 장례는 정상적으로 치러지지 못하였고, 긴 시간 지연되어 어둠 속에서 횃불을 밝힌 채 급히 치러져야 했다.

23일 학생들은 이에 대한 항의 집회를 조직하고 학교에서 경찰과 격렬하게 싸운다. 당시 기록은 취재를 왔던 여러 사람의 기록으로 남아 있다.

장례준비위 연행기사

대치중인 학생과 경찰들

학교 버스를 가로막고 있는 사복들

1985 송광영

해지는 금촌

금촌 장례식 풍경

❖ 분신구명대책위원의 당시 기록

- 10. 19. (토)

  이때부터 상태가 나빠지기 시작함. 아침 면회에 둘째 형이 밥(죽)을 먹이는데 토해냄. 병원에서는 계속 호전되고 있다고 이야기함. 누나가 의사를 만났을 때 좋아지고 있다고 이야기하면서도 혹시 죽으면 화장을 하겠느냐, 매장을 하겠느냐고 물어봄. 가끔 헛소리를 하고 고열이 남. 누나가 저녁 면회 마치고 나올 때 전경차가 대기. 분위기가 심상치 않음을 느낌

- 10. 20. (일)

  저녁때 가족들 면회 감. 고열이 심하고(40도 이상) 자기 통제력 상실. 어머니께서 임종을 예감하여 작은형과 함께 남아 있었다. 간호원은 전혀 그런 언질이 없었다. 저녁 내내 "어머니, 어머니! 간호원…" 하고 악을 씀. 매우 고통스러워 함. 21일 점심시간에 의사 면담 약속

- 10. 21. (월)

  새벽 1시 30분 혹은 2시 임종. 고함도 신음도 조용해지고 얼마 있다 간호원이 가족 불러 확인시킴. 작은형이 연락. 9시 20분쯤 식구들 도착(문·이 목사, 김 전도사 도착. 계속 있었음) 큰형으로부터 장례를 위임받아 사회장으로 하기로 하고 장례 일정 협의하였음.

  10시 50분경 영안실로 이동. 가족 아닌 사람 밖으로 쫓겨남(영안실에서).

이동 중 누나가 "대한민국이 싫다" 등 정부 비난. 안치하고 빈소 차린 후 가족들 밖에 나가 경찰과 실랑이(병원이 광영이를 죽였다, 이 나라가 광영이를 죽였다. 문상객을 들여 보내라). 빈소에 들어오신 문 목사님 끌려나감. 병원에서는 "사체는 오래 둘수록 불어서 큰 관을 사야 되는데 그러면 돈이 더 든다"며 입관하길 요구 → 가족 거부함. 영안실에 이미 장례 비품 차려짐(병원? 경찰? 학교?)

경찰이 오늘 장례를 치르지 않으면 장례를 못 치르게 하겠다고 협박. 장지는 춘성(강원도) 근처에 마련했다 함. 둘째 형이 2일장, 장지 금촌으로 타협 시사. 경찰은 영안실 2층에 지휘본부 설치.
오후 5시경 집에 다녀온 큰형이 "장례는 사회장으로 준비는 장례위에 맡기기로 했다"고 함.
"오늘 저녁 시신을 빼앗길 우려가 크다"며 누나가 어머니와 다른 친척들 불러와 밤새도록 지킴. 오후 3~4시경 국회의원들 조문 왔으나 빈소까지 못 오고 그냥 돌아감.

• 10. 22. (화)
둘째 형 저녁에 입관, 장지 금촌으로. 입관 예배를 장례위에서 하도록 교섭. 4시에 문, 계 도착(문익환 계훈제로 보임). 가족이 사회장, 삼일장, 금촌 장지 주장. 다시 문, 계 강제 연행.
가족들 경찰에 몰려가 자유로운 장례를 치를 수 있게 하라고 울부짖음.
일부 가족이 집안일로 밖에 나갔다 들어오는데(10시경) 병원 입구에서 막음.

가족들 나가서 영안실에 전기가 나감(의문).

"전두환은 즉각 퇴진하라" "경찰은 물러가라" "조문객을 들여보내라"고 외치며 경찰과 다툼. KBS 기자 취재 옴(전혀 영문도 모름. 어떻게 누가 죽었는지). 경찰과 싸움 중 카메라 찼음(1억이라고 변상 요구), 내쫓음. 경찰은 당일 장례를, 가족은 삼일장, 사회장을 요구 대립. 둘째 형 회사 사장이 와서 경찰과 같은 말로 회유 협박. 저녁 식사 후 경찰은 가족장 애원하고 경찰 병력 축소(둘째 셋째 형이 가족장 주장).
가족들 협박에 지지 말고 사회장 치르자고 다짐. 장례위원들 장지 계약됐다고 연락 옴. 23일 아침 일찍 안 목사(기독교병원 원목) 주도하에 입관하고 장례는 예정대로 하기로 합의.

• 10. 23. (수)
아침 7시경 입관 빈소에 옮기기로 했으나 경찰 거부. 9시가 되어도 장례위원 못 옴. 의견이 분분함. 12시경 빈소에 학생들 두 번에 걸쳐 약 20명 들어옴. 2시경 삼일장, 금촌 장지 확인 후 경찰에 의한 강제 장례임을 확인시켜 장례 하기로 결정.

3시 반경 장례 치르기로 하고 장례 대열 갖추고 찬송가 부르고 있었으나 누나 계속 사회장 주장. 참석 거부. 어머니가 설득하여 경찰의 강제 장례임을 서장에게 확인하는 조건으로 장례하자고 결정. 장례 시작 위해 태릉경찰서 장에게 인정을 요구하자(가족은 모두 강제 장례라고 손을 듦) "치안상 일부

1985 송광영

문상객들의 출입이 금지된 상태에서 조졸하게 장례를 치르기 바란다"는 엉뚱한 말을 듣자 누나는 목을 매서 자살 기도 기절. 큰형은 죽겠다고 바닥에 누워버림. 모든 가족들이 장례하지 않겠다고 돌아가는 것을 전경이 막음. 다시 의식 없이 매장하기로 결심. 경찰은 원목 주도하에 치르기를 바랐으나 가족 거부.

- 4시 반경 경찰이 장의차 준비하여 장례 치르고자 했으나 가족들은 (학생 20~30명 포함) 마이크로버스에 총 40~50명 타고 장지라도 알아두자고 합의.
- 금촌 장지인데 운전사가 준성에 간다고 하여 누나가 차 앞에 누워 막음.
- 5시경 금촌 출발[교통 승용차, 장의차, 닭장차, 승용차(경찰) 20대가 약 150~200m 늘어져 감(금촌 기독교인 공원묘지)].
- 6시 30분 장지 도착. 어두워서 횃불 들고 매장(경찰 준비). 가족 거부에도 불구 원목이 기도의식.
- 7시 30분경 묘지에서 떠남. 봉분 못 함. 학생들 차에서 계속 노래.
- 9시경 오다가 다시 태릉서로 장의차 인도하자 가족 항의. 삼선동으로 가 하차. 헤어짐.
- 누나가 병원 담장에 올라서서 "국민들은 다 들어라. 대한민국 법이 이따위냐. 이 정권이 내 동생을 죽였다. 나는 이런 나라는 싫다" 하고 외침.

❖ 경원대 종학생회의 기록

1. 장례식

　23일 오전 9시경 학교 버스로 교수 1명과 학생 20여 명이 동행한 가운데 출발. 기독병원 앞에서 경찰의 저지로 대기. 대기하는 동안 차량통제 때문에 잠시 쉬라고 하는 틈을 타서 태릉경찰서에 2번 들어갔다 나왔으며, 겨우 11시경에야 병원에 들어갈 수 있었다. 장례준비 관계로 예배를 드리려고 하였으나 경찰의 저지로 못 이루고 티격태격, 겨우 5시에야 합의. 이때 경찰은 앞에서 에스코트를 하며 전경차량 3대, 기동타격대 1대. 기타 차량 4~5대가 호위하여 갔다. 6시 30분경에 금촌에 도착. 경찰의 삼엄한 경계 아래 장례가 아닌 매장을 하였음.

2. 연행 학생

　(16명)의 재야인사와 함께 연행된 학생 (법학과) 1명이 어제 오후 6시에 석방되었고, 병원 근처에서 故 송광영 열사에 대한 유인물을 살포하다가 연행된(21일) 영문과 3년 김순환 학우는 어젯밤에 석방되었다. 어제 추도제 이후 귀가하던 학생 수십여 명이 연행되었다. 아직 정확한 연행 학생은 알 수 없음. 그리고 추도 시위 도중 부상자는 중상 3명, 경상 15명(양호실 통계) 등이며 병원에서 치료 중 2명 연행됨. 연행 학생의 조속한 석방을 요구한다.

3. 우리의 자세

故 송광영 학우의 명복을 빌며 그의 뜻에 따라 民主化 투쟁을 계속하자!

학원 악법 철폐하라

민주 탄압 중지하라

민중생존권 보장하라

군부독재 퇴진하라

〈경원대학 총학생회〉

故 송광영 열사의 삼우제

25일 오전 11:00 (C동 앞)

1985. 10. 24.

학내분향소

❖ 경원신문사 학생 A의 기록

• 10월 23일

오전 9시 10분경 고시실 학생 외 20여 명의 학생이 몇 분의 교수님과 스쿨 버스로 병원으로 출발.

10시 10분 도착

법학, 행정 몇 명의 학생이 뜨문뜨문 눈에 띄었다. 삼엄한 경계로 출입이 완전 차단.

12시경 신민당 국회의원과 대화.

20여 명의 학생은 아직도 병원 안에 있다.

장례식은 거행되고 있다.

하지만 우리는 들어가지 못했다.

11시부터 병원 주위를 돌며, 6층 건물의 옥상에 올라가 병원 안을 보았는데 우리 대학 버스는 볼 수 없었다.

12시 20분경 금석, 제민 검문. 경원대생 및 대학생은 이후 검문 시 이유 불문하고 강제 연행할 것이니 속히 돌아가라는 전경대장 말. 또한 그는 이어 20여 명의 학생들은 태릉경찰서로 (연행되어) 갔다고 말했다.

법학과 1년(복학생), 2년 학생과 태릉경찰서 다녀왔지만 행적을 알지 못했다.

3시 30분경 학교 도착

5시 5분경 장지로 운구함(황○○ 교수에 의하면)

1985 송광영

10월 23일 경원대학교 장례식

송광영의 사망 소식과 장례가 치러지는 그 순간까지 마음을 놓을 수 없었던 긴박함을 전해 들은 학생들은 학내에서 자체적인 장례식을 진행하기로 하고 장례식 후 군사정권에 저항하는 집회·시위를 이어갈 계획을 세웠다. 이날은 경원대학교 개교 이래 가장 많은 학생들이 운집했다고 한다. 약 천여 명이 모였고 모두 슬픔 속에 분노와 결의를 채우고 있었다.

11시에 장례식이 시작되었다. 장례를 맡은 학생은 미술학과 학생에게 송광영의 모습을 그려달라고 부탁하였다. 옥상에서 큰 천을 펼쳐 그림을 그리는 동안 바람이 자주 불었다고 한다. 장례식날에는 C동 건물에 걸개그림을 걸었다. 집회장에 모인 학생들이 그 그림을 다 볼 수 있었다. 날씨는 나쁘지 않았다. 그런데 장례가 시작되자마자 갑자기 거센 바람이 불면서 잿빛 구름이 하늘을 덮었다. 뒤이어 큰바람이 불더니 그림이 심하게 펄럭였다. 하늘도 송광영의 죽음을 같이 슬퍼하는가 보다고 생각할 정도였다.

11시 30분 애국가 선창을 시작으로 장례식이 거행되고, 성남에서 활동하는 작곡가 백창우에게 부탁해서 만들어진 추모곡 '그대 그리던 해방의 아침은 끝내 오리라'가 불려졌다. 대학생 분신이 처음이기에 아마도 공식적인 추모곡을 만들어 부르기 시작한 것도 송광영이 처음이었을 것이다. 몇몇 학생들의 열사에 대한 증언과 학원안정법의 심각성을 폭로하는 연설이 이어졌다. 12시가 되자 운집한 학생들은 선구자를 제창하며 송광영의 위패를 들고 C동과 D동을 한 바퀴 돈다. 그리고 이를 다 마친 학생들은 끝으로 교문 밖으로 진출하는 투쟁을 시도했다.

교내장례집회

　　　　　　　　　　　　　　　　　　　　1985 송광영

경원대학교는 서울과 경기도를 잇는 주요 관문에 위치했다. 그래서 가두시위가 벌어져 도로를 봉쇄하면 상당히 많은 수의 차들이 영향을 받았다. 시위의 효과가 즉시 나타나기에 경찰은 운집한 학생들을 빨리 해산시키는 데 노력했고, 학생들은 다치지 않으면서 집회를 이어가는 게 목적이었다. 학생들은 3개 조로 나뉘어 '독재정권 타도하자' '학원안정법 철폐하자' 등의 구호를 외쳤다. 1조가 먼저 차선을 가로막았고, 2, 3조는 동조하며 뒤따랐다. 도로 봉쇄 5분 후, 소식을 듣고 미리 대기 중이던 의경들과 정사복 경찰 150여 명이 페퍼포그(대량 최루탄 발사 차량)를 앞세우고 수진리 고개를 넘어 나타났다. 최루탄이 마구 발사되어 대열이 흩어지니 뒤이어 전·의경들이 달려왔고 학생들은 학교 안으로 도피하였다. 전자공학과 1학생 김 모 군은 이때 최루탄에 맞아 머리와 다리에 찰과상을 입었다. 곁에 있던 동료 몇이 부축하여 성남병원에 데려갔고 다행히 큰 부상은 아니라는 소식이 들렸다.

2차 시위가 재개되었다. 흩어진 학생들이 다시 모였다. 처음보다는 다소 줄었지만 약 2~300명이 운집하여 교문 밖 대로를 가로막기에 충분했다. 구호를 외치고 노래를 부르고 한쪽에서는 학교 정문 옆에서 투석전을 벌이며 대열을 지키려 했다. 또 한 번 최루탄이 쏟아졌고 어떤 것은 거의 직격탄에 가깝게 머리 앞에서 터지며 공포감을 주었다. 서로를 향해 투석전과 최루탄을 쏟아내는 격렬한 시위가 벌어졌고 약 2시간이 넘게 차량이 지나가지 못하였다.

이날 시위에서 직접적인 교전은 네 차례 이루어졌으며 학생들과 전·의경들이 여러 명 다쳤다. 오후 2시가 넘어서야 집회를 주동한 학생들은 마무리 발언을 하고, 다음 날 다시 모여 송광영의 유물을 진달래 동산에 묻기로 약속하고 해산하였다. 이날 학교 정문 앞에는 밤늦도록 전경이 진을 치고 있었다.

이날의 싸움은 송광영 열사 장례위원의 상주를 맡은 3인을 필두로 진행되었기에 이들을 비롯한 주요 학생들이 모두 집회 후 긴급 체포되거나 수배령이 떨어졌다. 학교 뒷산을 넘어온 경찰은 학생 세 명을 붙잡고 그들은 구속·수감되어 징역 2년에 집행유예 1년 6개월 형을 받았다. 나머지 일부는 도주하였는데 전국을 떠돌며 생활하다 그대로는 이도 저도 안 될 것 같아 나중에 자수하게 된다. 수배령을 피해 도주를 할 때는 먹을 것이 필요하면 시골 농장에서 일하거나 타 학교(경기대학교)에 들어가 사정을 말하여 잠을 청하고 자금을 빌리기도 하였다. 이들 외에도 여러 학생들이 집에 경찰이 찾아오거나 불심검문을 당했으며, 군 입대를 강제로 하게 된 경우도 있다. 어떤 학생들은 데모에 가담할 것을 우려한 식구들의 만류로 아예 학교로 돌아오지 못한 경우도 있었다.

주요 지도부가 구속되거나 흩어지면서 학생들이 입은 타격이 컸다. 장례집회 후 학내에서 시위를 계속 이끌어갈 주요 지도그룹이 사라지고 만 것이다. 도주하던 학생들은 오랜 수배생활로 지치고 학내 상황이 악화되자 결국 성남경찰서에 자수하러 찾아간다. 시간이 흘러 이 모든 과정들은 상처로 남고, 학생들 간의 의심과 반목이 쌓이기도 했지만 학생들을 분열시키려는 경찰의 교묘한 심리전과 이간질 또한 존재했을 거라고 생각한다.

그러나 이렇게 표면적으로는 경원대학교 학생들의 기세가 꺾인 듯 보였으나 이는 시작에 불과하였다. 경원대학교 학생들은 서울기독병원으로 결집했던 서울 지역 타 대학교 학생들과 상호 연대 투쟁 등을 전개하며 본격적으로 교류하기 시작한다. 경원대학교 학생은 송광영 열사가 분신한 학교라는 이유로 타 대학에서 인정을 받게 되었고, 이전보다 큰 신뢰를 얻으며 교류할 수 있었다. 그러면서 열사가 원하던 대로 학습에 대한 체계도 갖추게 되는데, 남은 학생들이 이러한 일련의 과정을 겪으면서 학내에는 여러 개의 정파와 그룹이 만들어지고 이른바 운동권의 틀과 투쟁 전통이 자리 잡는 계기가 되었다.

송광영의 분신을 계기로 많은 학생들이 각성하였고, 결집하였다. 군사정권의 폭력에 의문을 제기하고 정당성을 거부하였다. 그 힘으로 2주기, 3주기 추모제를 계속할 수 있었고 송광영의 외침처럼 광주학살의 만행을 저지른 군사독재의 실체를 점점 더 많은 대중들이 알게 되면서 학생운동과 저항운동은 점차 지지기반을 쌓아갈 수 있었다. 이와 더불어 학내 민주화를 향한 싸움을 전개하는 등 송광영의 외침에 깨어난 학생들은 경원대학교를 자유로운 사상과 실천, 시대의 변혁을 선도하는 역동적인 대학교로 만들어 나갔다.

그러나 그 과정에서 각 개인들이 겪은 시련과 희생도 많았다. 특히 제대로 정리되지 않은 건 집회와 시위, 그리고 수배와 구속의 과정을 겪으면서 학생들이 입은 마음의 상처였다. 경찰이 학생들의 신상을 파악해 가족에게 연락하면 굉장한 압력이 가해졌고 강제 군입대, 휴학 등 본인들이 선택할 수 없는 일들을 겪어야 했다. 가뜩이나 뜨거운 젊은 나이에 많은 학생들이 감정적으로나 현실적으로 어려움을 겪었다. 내부에 프락치가 있느니, 하면서 서로를 의심하고 분열하게 만든 계기들도 많았다. 군사정부의 고도의 와해 전략이었고, 상당 부분 실효성이 있었다. 갈등과 분열, 상처를 안은 개인들은 각자의 방식으로 세상으로 나아갔다. 그들의 가슴에는 송광영이 살아 있었으나 또한 죽어 있기도 했다. 시대가 뜨겁게 투쟁할 때 송광영의 이름으로 살아 저항하였고, 때로는 개인적인 좌절을 겪으며 함께 죽었다. 10년, 20년… 그렇게 많은 세월이 흘렀고 그사이 우리 사회도 많은 변화를 겪었다.

학생들의 움직임, 경원대학교 학내 움직임과 별개로 종교계와 재야 쪽에서도 열사정신을 계승하기 위해 투쟁에 적극 나섰다. 기독병원에서의 일 때문에 장례위원회를 맡았던 계훈제, 문익환 선생 등은 한 번의 강제 체포를 당한 뒤였다. 그러나 그들은 굴하지 않고 11월 28일 기독교회관에서 '송광영 열사 영결예배'를 별도로 진행하였다. 영결예배 준비위원회의 호상은 문익환(목사, 민주·통일 민중운동연합 의장)이, 상주는 이해학(목사, 성남 주민교회)이 맡았고 장례위원에는 민주화운동에 앞장섰던 재야의 지도자와 신민당 이민우 총재 등 야당, 김대중, 김영삼 등 민주화추진협의회, 지학순 천주교 주교와 기독교 목사 등 종교계, 이소선, 이정숙 등 유가족까지 이름을 올리면서 송광영 동지 분신구명대책위원회는 범민주 운동 진영의 결합으로 확대 구성되었다.

이날 영결식을 위하여 50쪽이 넘는 추모집이 제작되었는데 이때 우리가 알고 있는 열사의 생애가 대부분 정리되었다. 또한 문익환 목사의 추모 시, 민주·통일 민중운동연합에서 작성한 '송광영 군의 분신항의에 즈음하여'와 같은 성명서와 경원대학 학보사에서 정리한 분신항거일지, 분신현장 사진 등이 일괄 정리되어 열사정신계승으로 이어지게 된다.

이오순은 이후 유가족협의회(유가협)와 본격적으로 교류하였으며, 유가족의 이름으로 투쟁 전선의 맨 앞에서 그 누구보다 열정적으로 싸우기 시작하였다. 문익환 목사와 이소선 등 저항의 맨 앞에 있던 분들은

영결예배 순서

송광영열사 영결예배 준비위원회

1985 송광영

이오순을 좋아했다. 그의 연설은 학생, 노동자들을 감동시켰으며, 진실했다. 이러한 유가족의 활동은 전국조직과 경원대학교 학생운동을 연결하는 계기가 되었으며 1987년 민주화 대투쟁과 1991년의 대규모 저항의 물결을 폭발적으로 이끈 원동력 중 하나가 된다. 만일 학원안정법이 통과되었다면, 만일 열사의 투쟁과 희생이 없었다면 분신 2년 뒤의 1987년 6월 시민혁명은 전혀 다른 양상이었거나 훨씬 뒤로 미뤄졌을지 모른다. 그리고 그사이 희생자는 계속 나왔을 것이다.

"뭐해? 싸워!"

불길 속에서 끝까지 외친 송광영의 목소리에 답한 개인은 약하고 불완전한 존재였으나, 함께 모여 싸울 때는 거대한 물결이 되어 민주화의 흐름을 끌어내는 바로 그 이름, '민중'이 될 수 있었던 것이다.

송광영 열사 영결 예배(문익환 목사)

영결 예배

학교 앞 투석전

학내 추모제

1985 송광영

1985 송광영

학내 투쟁 교문 앞

1차 묘비탈취사건과 파주경찰서 투쟁

열사의 분신과 34일의 투병, 사망과 장례식, 2주기 추모제가 진행된 1987년까지 송광영의 분신과 장례, 투쟁 과정에 참석한 모든 이들이 격동의 시간을 보냈다. 이들이 보낸 시간은 대한민국 민주화운동의 물결과 정확히 일치하며, 개개인별로는 조금씩 시차가 있지만 이들이 성장과 좌절 그리고 다시 좌절을 딛고 일어선 모든 과정이 역사적 사건의 중심에 있다.

학원안정법은 완전히 사라졌으며, 전두환 정권은 전국적인 저항으로 장기집권 계획이 흔들리면서 위기를 겪는다. 국민들이 대통령 직선제를 요구하며 목소리를 높이고, 노동현장에서는 깨어난 노동자들이 노동조합을 조직하고 전국 단위의 연맹과 연합 등으로 결집하였다. 학생들은 대한민국의 구조적 모순을 해결하기 위한 선결 과제로 반미·자주 통일을 우선할 거냐, 민주주의 구조 개혁을 우선할 거냐, 혹은 민중과 노동자들이 권력을 획득하는 여러 방안을 두고 사상논쟁, 즉 격렬한 토론을 벌이며 여러 갈래의 노선과 정파로 스스로를 호명하며 분화되었다. 경원대학교 학생운동 역시 이 시기 이론적 무장의 중요성을 크게 깨닫고 학습 체계를 갖추면서 동아리, 총학생회 및 단과대학 학생회, 드러나지 않은 비합운동 조직 등 참여자 수가 많아지면서 여러 정파가 생기고 내용이 깊어졌다.

그러나 이렇게 표면적인 모습 이면에는 매일매일 갈등하고 고뇌하는 각각의 여린 개개인들이 있었다. 그들은 혼자일 때는 각자의 크기로 삶의 무게를 견디는 사람이었다. 그러나 혼자가 아니라 여럿이 모이면 힘을 모아 역사적 사건을 만들었다. 송광영 분신 후 학생들의 대처와 학생운동에 대한 평가는 여러 가지로 엇갈릴 수 있겠지만, 사후 몇 년 시간을 압축해보면 그들의 발걸음은 매우 위대하고 꾸준한 발걸음이었다.

가장 먼저 성장하고 앞장서 싸운 이들은 유가족이었다. 그들은 광영과 같은 기질을 가졌다. 투쟁 잘하는 노동자나 민중의 모습 그 자체였고 그만큼 순수했다. 유가족은 분신 소식을 듣고 매일 놀라움과 슬픔의 날을 보냈고, 잠시 광영의 치료가 호전되어 안도하기도 했다. 그러나 이내

파주경찰서 항의 집회

납득할 수 없는 죽음을 맞이하고, 시신을 데려다 마음대로 매장하려는 경찰과 안기부의 행태를 가장 맨 앞에서 목격한다. 이미 면회를 차단하고 병원을 둘러싸고, 장례식 차량을 마음대로 이동시키고, 사회장을 방해하는 모습을 보며 유가족은 경찰과 안기부가 하는 말이 얼마나 믿을 수 없는 말인지 알게 되었다. 유가족은 문익환, 이해학, 김해성 등의 재야인사들에게 의지하는 한편 스스로 투사가 되어 매 순간 무너지지 않기 위해 버텼다.

유가족의 모습을 곁에서 지켜본 사람들은 송광영의 평소 성정이 어디에서 비롯되었는지, 누구를 닮았는지 쉽게 납득할 수 있었다. 사람은 상황에 따라 지혜롭고 사려 깊게 생각해야 할 때가 있고, 앞뒤 재지 않고 달려가

1985 송광영

싸워야 할 때가 있다. 이오순과 광영의 누나, 형들은 각자 다른 성향임에도 이 두 가지 역할을 잘 수행해내면서 열사정신계승에 큰 역할을 한다.

물론 위기가 없었던 건 아니다. 둘째 형이 다니는 회사가 방산업체인 탓에 회사를 통한 압박이 들어왔고, 이후 그의 회사 생활에도 영향을 주었다. 큰 누나는 모든 일 처리를 진행하면서 학교에 다니지 못한 것이 한스러웠는데 이오순이 '너를 가르쳤어야 했다'며 미안해하고 고마워했다. 셋째 형은 결혼을 앞두고 있었다. 광영의 형수가 될 사람과 병원에 같이 방문하고 싸움의 과정에서 가족들의 힘든 모습을 지켜보아야 했기 때문에 달콤한 신혼의 꿈을 포기할 수밖에 없었다.

매 순간 긴장이었고 또한 누구도 믿을 수 없었다. 송광영이 왜 죽음까지 택하며 싸웠는지 알려야 했고, 살아 있는 사람들의 안전한 일상 또한 중요했다. 사실 그대로 알리고 그 의미를 사람들이 생각해 보고, 남은 사람들이 이어가는 것, 이 단순한 일이 왜 그렇게 힘들었을까. 광영의 분신은 어째서 언론에 한 줄도 실리지 못했고, 대부분의 사람들은 경원대학교에서 그런 일이 있는 줄도 몰랐을까. 심지어 학원안정법이라는 말도 안 되는 법이 제정된다는 시도가 신문에 계속 실리고 있었음에도 실체를 정확히 아는 사람은 많지 않았다. 진실보다는 권력의 입맛에 맞는 정보만 공개되었고, 대부분의 저항과 반대는 철저히 봉쇄하고 차단하였기에 국민들은 진실을 알지 못했다. 독재 권력이 이를 막는 데 혈안이 되어 공론화를 방해했기 때문이다.

경원대학교 학생들의 경우, 장례위원회 3인이 수배를 받아 도주하고 학생 대표단이 계속 바뀌면서 중심 지도부가 없는 혼란 속에 많은 변화를 겪었다. 가장 아쉬웠던 것은 체계적인 조직이었고, 명확한 사상과 원칙을 정립하는 일이었다. 그러나 중심이 없으니 주변 상황에 같이 흔들리면서 학생들은 외부에 많이 의존하기도 하였다. 학내에서 싸움을 계속해야 하는데, 끝까지 혹은 더 많은 학생들과 함께 완전한 승리를 거둘 때까지 저항해야 하는데, 그러지 못하는 자괴감으로 누군가는 괴로워했고, 또 누군가는 그것을 채찍 삼아 성장했다. 이들 역시 앞에 남은 개인의 삶과 가족, 시대를 고민하는 20대의 청춘이었고 동시에 동지를 참혹하게 잃은 충격적인 사건의 피해자였던 것이다. 그러나 학교에는 해마다 신입생이 들어온다. 누군가는 학교를 떠났지만 남은 이들은 선배가 되어 후배들과 학습하고 데모하고 학생운동을 이어간다. 그렇게 경원대학교 2주기, 3주기 추모제가 계속 이어졌다.

송광영 열사가 안치된 파주 기독교 묘지는 주민교회를 다녔던 김종태 열사가 묻힌 곳이고, 가보니 김의기 열사도 그곳에 묻혀 있다는 사실을 알았다. 유가족과 장례위원들은 서강대학생으로 투신한 김의기의 묘가 아무런 표식도 없이 덩그러니 놓여있는 것이 못내 허전하고 아쉬웠다. 그래서 '민주투사 송광영의 묘'라고 전면에 새기고, 후면에 열사의 약력 등을 새겨 묘 앞에 세웠다. 그런데 나중에 기가 막힌 일이 벌어진다. 어느 날 가보니 비석이 감쪽같이 사라진 것이다.

이 소식을 듣고 유가족과 학생들은 2주기 추모제, 즉 1987년 추모제를 치른 후 파주 금촌 묘역이 있는 파주경찰서 앞에서 대규모 시위를 진행하고, 경찰서로 진입하여 강력히 항의하였다.

이오순은 '어떻게 이런 일이 일어나는가?' 하면서 경찰에게 다시 한 번 분개하였다. 파주경찰서 입장에서는 아무래도 군사 분계선 바로 아래 위치한 접경 지역이고, 반공의식을 철저히 강조하다 보니 '민주투사'라는 비문이 크게 부담스러웠던 모양이다.

경찰서장은 한 번도 겪지 못한 큰 시위를 겪으며 매우 놀라고 당황하였다. 군사 접경지에서 100명 가까운 사람들이 집결한 대규모 시위는 처음이었던 것이다. 시내에서 시위가 벌어진 적이 없었으니 그들은 시위 진압의 경험도 없었고, 방법을 잘 몰라 우왕좌왕한다. 그 사이 유가족은 담장을 넘고 철문을 밀고 들어가 경찰서장과 담판할 기회를 얻었다. 그리하여 서장은 비석을 되돌려 놓겠다고 약속하였는데, 이 약속이 지켜지기 전에 먼저 비석이 없어진 걸 발견한 광영의 친구가 새로 비석을 만들어둔다. 이후 경찰서의 뒷이야기는 정확히 밝혀지지 않는다.

유가협과 문익환, 이해학 목사 등 재야 대표단 역시 이오순의 우직한 모습에 힘을 받으며 서로 의지하는 사이가 되었다.

추모사업회 결성과 경원대학교 학생운동

경원대학교 학생들은 1985년 장례집회 후 법정대와 총학생회를 중심으로 매년 열사정신계승주간을 지정하고 열사를 추모하고 그 뜻을 학생들과 널리 공유해 왔다. 그러나 학내에는 추모제와 열사정신계승 외에도 여러 가지 쟁점과 투쟁 사안이 매년 발생하고 있었다. 그래서 추모사업을 전담할 조직이 필요하다는 판단으로 열사 서거 3주기인 1988년에 추모사업회를 발족하고 C동 지하에 방 하나를 마련한다. 추모사업회는

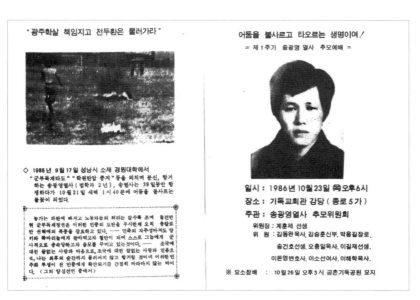

송광영 열사 1주기 추모제 자료집

초기에 고문단, 운영위원, 그리고 사무국에 총무부장, 사업부장, 홍보부장을 두고 약간의 간사를 두기로 하여 학생 중심이 아닌 범 민주화운동 진영이 다 같이 결합하는 방식으로 조직을 구성하였다.

초기 고문단 예정자로 문익환, 계훈제, 백기완, 이소선, 이돈명, 송건호, 김수환, 김승훈, 박형규 등이 언급되었고 운영위원 예정자로 이해학, 김해성, 김준기, 이소피아, 최충열, 용성지구 총학생회 연합의장, 경원대학교 총학생회장, 전국검정고시 회장으로 하기로 일단 정한 후 회장에 문익환 목사, 운영위원장에 이해학 목사(주민교회), 사무국장에 김해성 목사(산자교회)를 두고 총무부장, 사업부장, 홍보부장과 약간명의 간사를 두기로 정한다.

송광영 열사 2주기 추모제 자료집

송광영 열사 4주기 추모제 자료집

그러나 이후 전국 단위의 투쟁과 열사들이 늘어남에 따라 외부 운동 단체의 결합 범위도 성남지역으로 좁혀지게 되었고, 학생들 역시 열사와 가까웠던 동문과 재학생을 중심으로 구체화되었다. 이후 졸업한 열사의 동료 선후배들이 모여 9·17동지회를 결성하고 이들이 주축이 되어 정기적인 모임을 이어갔다. 그러다 학생운동이 점차 힘을 잃어 가고, 재학생 단위에서 새로운 동력을 만들어가기 어려워지면서 사업은 주로 추모제를 중심으로 진행되다가 추모로만 제한하지 말고 좀 더 실천적인 활동이 가능한 기념사업회로 전환하자는 제안에 따라 1991년 분신한 천세용과 송광영 열사를 합하여 '송광영·천세용 기념사업회'로 이름과 회칙을 바꾸고 조직을 재편하여 오늘에 이르게 되었다.

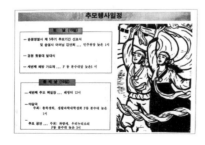

5주기 추모 행사 일정

열사의 정신, 추모비에 담다

송광영 열사 추모비는 1988년부터 건립을 위한 조직을 구성하고 지속적인 노력 끝에 열사가 분신 서거한 지 5주기 되는 1990년 C동(인문대) 앞에 건립하였다. 그 장소는 당시 열사가 B동 앞 운동장으로 구호를 외치며 질주하다 쓰러진 장소가 보이는 곳이었다. 또한 당시 학생회관은 없었지만 인문대 건물 앞에서 주로 집회를 했고 운동장에서 모여 교문 밖 진출 싸움을 하였기에 의미 있는 장소로 정한 것이다. 처음에는 추모비 준비위원회를 구성하여 우선 재학생들을 주축으로 하여 건립 기금을 모으기로 결의한다. 학교와 유가협, 재야단체들의 역할도 컸다. 추모비 준비위원회는 학교 측에서는 당시 학생처장 이영태 교수와 법정대학장 이호경 교수가 맡았고, 학생 측에서는 이복 총학생회장, 서명교 사회부장이, 그리고 유족대표로 송한영(큰형) 이외 동문회 대표 등으로 구성되었다.

추모비 준비위원회의 기록에 남은 결정 내용은 다음과 같다.

1. 추모비는 전문가의 의견과 사례를 검토하여 준비위원회에서 정한다. 2. 소요 경비는 전체 경원인(학생, 교수, 직원)의 성금을 원칙으로 하되 총학생회의 기금과 학교의 지원금으로 충당한다. 그래서 각 단대와 학과별로 모금을 결의하고, 일일 주점 등 자체적으로 수익사업을 하여

기금을 모았다. 이러한 모금활동에는 우리그림패의 엽서 판매, 손수건 판매, 노래집 판매, 법정대 우리누리소리의 추모공연 등 각 단과대학별로 특징을 살린 온갖 아이디어와 노력이 동원되었다. 이렇게 범경원대학교 학생들과 기타 여러 단위가 참여하여 3천5백만 원에 이르는 거금을 모을 수 있었고, 자연석으로 만들어진 추모비를 설치할 수 있었다. 이는 당시 추동 학생 그룹이 힘을 잔뜩 받을 때이기도 했고 학생운동이 활발하던 때였기에 가능했다고 본다.

당시 추모비 건립을 위한 회의록에 적힌 건립 일정은 다음과 같았다.

1주: 9월 3일~8일 각종 자료정리, 소요 경비, 견적, 제작소 확정

2주: 10일~15일 추모비 디자인

3주: 17~22일 디자인 발표와 작업 착수

4주~6주: 9월 24일~10월 13일 작업 기간

7주: 10월 15일~20일 조경공사 17일까지 완료

* 9월 6일 오후 8시 열사정신계승 좌담회 개최: 참석자 김해성 목사, 박형진, 손병필, 정인문, 김용석, 이승호, 김태원, 양기환, 정성근, 박손식, 임일빈, 양광모, 김미정 등

추모비 외관은 당시 지상 2.5미터 폭 0.7미터 비와 단으로 가로세로 높이 각 1미터와 1.5미터로 확정을 짓는다. 추모비는 인조석과 자연석 등을 살폈고, 다른 열사 추모비를 조사한 다음 이후 자연석으로 결정하

였다. 횃불 모양의 자연석으로 마침 구해져 건립하게 되었는데 전국에서
도 당시 열사 추모비로서는 상당히 큰 것이었다. 묘비석 글씨는 신영복
선생님이 맡아주셨는데 열사가 쓴 양심선언과 경원투사에게란 글을 써
주셨다. 신영복 선생님이 써준 원본은 추모사업회 활동주체가 이리저리
바뀌면서 사라져 매우 안타깝다.

대부분의 예산은 자연석 구매 비용 1,650만 원과 조경을 포함한 건립
에 소요되었다. 그렇게 많은 이들이 뜻을 모아 1990년 10월 19일 송광
영 열사 5주기 때 드디어 추모비를 C동 앞에 건립하게 된다. 추모비를
건립하는 과정을 통하여 지역사회인 성남시를 포함해 여러 운동 단위가
연대하고, 열사의 정신을 다시 한 번 널리 알리고 공감대를 넓히려 하였

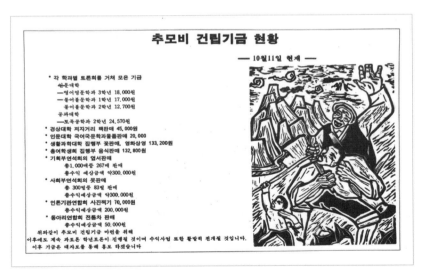

추모비 모금 현황

고 그로 인해 열사정신계승이라는 본뜻을 살릴 수 있었다. 따라서 교내에 세워진 추모비는 단지 하나의 상징적인 조형물이 아니라 1985년부터 1990년 추모비가 건립될 때까지 이어진 역사의 소중한 기록이자 그때 함께 했던 이들의 땀과 눈물, 뜨거운 가슴이었다.

추모비 탈취 사건

송광영 열사를 포함해 수많은 열사들은 계속되는 민주화운동의 물결에 중요한 상징으로 드러나기도 하고, 의미를 축소하고 지우려는 시도로 훼손되기도 하면서 부침을 겪었다. 누군가의 죽음은 죽음 자체로 영웅화될 수 없으나 반대로 어떠한 죽음도 의미 없이 지워져서는 안 된다. 평가는 시대마다 다를 수 있으나 기록하고 기억하면서 그 시절을 살아가는 사람들의 몫으로 남겨 두어야 한다. 모든 생명과 그들의 자취에는 저마다의 빛과 의미가 있다. 하물며 세상을 향해 몸을 던지고 자신의 마지막을 다해 저항했던 열사는 어떨까. 전태일이 목숨을 걸고 외친 "근로기준법을 준수하라"는 피맺힌 절규나 송광영이 모든 것을 걸고 내던진 "학원안정법을 철폐하라, 독재정권 타도하자"는 구호는 한 사람의 우연한 절규가 아니라 그 시대 사람들이 차마 다 내뱉지 못한 외침을 응축한 역사적인 슬로건이다.

송광영은 마지막 투쟁 수단으로 죽음을 택했지만 집요한 지우기 시도에 시달렸다. 유가족과 동기, 후배들은 반대로 지키기 위한 싸움을 전개해야 했다. 금촌기독교 묘지에서 묘비가 사라진 일도 황당하고 억울하고, 비운동권 학생회가 추모사업회 사무실에서 폭력을 휘두른 사건까지 있었다. 그중에서도 학교 안에 세운 횃불 모양의 비석이 밤새 사라진 사건은 추모비의 존재 자체가 정치적 상징물이 될 수 있다는, 그래서 역설적으로 추모비가 왜 존재해야 하는지를 보여주는 사건이었다.

1990년, 경원대학교 학생들과 유가족, 성남지역의 단체들이 학교 교정에 송광영 열사 추모비를 세운다. 학교 안에 열사정신을 드러내는 상징물을 남김으로써 그 시절을 직접 겪은 세대가 졸업하고, 누구도 송광영을 알지 못하는 시절이 오더라도 기억하기 위함이었다.

동문과 유가족, 지역사회와 재야의 도움과 모금으로 그때 당시 꽤 큰 금액을 마련하여 현재 모습의 추모비를 건립할 수 있었다. 여러 논의 끝에 인공적인 비석보다는 자연석으로 하자고 결론이 났고 횃불 모양을 한 돌이 선택되었다. 비석의 설치 위치는 학생들이 많이 드나드는 C동 진리관 앞이었다. 앞면에는 '송광영 열사 추모비'라고 표기하고 뒷면에는 열사의 양심선언을 새겨 넣었다. 학생들은 집회 전후 추모비에서 묵념을 하고, 등하굣길에 마주치며 열사정신을 생각하곤 하였다. 죽은 자는 말이 없으나, 살아 있는 자에게 힘이 된다. 누군가는 목숨을 바쳐 싸웠는데, 나는 고작 이런 일로 힘들어 하나 하는 반성의 계기가 되기도 하고, 목숨을 걸고 외쳐야 할 만큼 강력한 압제의 시절을 떠올릴 수 있는 상징물이었다.

그런데 6년 뒤 어느 날, 이 커다란 추모비가 감쪽같이 학내에서 사라졌다. 1996년 9월이었다. 교정은 가을에 접어들며 한가로웠으나 11월의 총학생회장 선거를 앞두고 단과대학 선거, 동아리 회장 선거에서 이기기 위해 물밑에서 학생들이 분주히 움직이던 시기였다. 어느 날 아침, C동 진리관 앞에 있어야 할 추모비가 사라진 것을 발견한 학생들은 황당하여 입을 다물지 못하였다. 학교 경비에게 물어보고, 학생처장 등 여러 교직원에게 물어보아도 아무도 모른다고만 대답할 뿐이었다. 수소문해 보니 추모비가 사라진 전날의 정황에서 수상한 점이 한두 가지가 아니었다.

우선 학교 측이 공사로 인해 전기를 모두 차단할 테니 학생들더러 모두 집으로 돌아가라고 했다는 것이다. 학생들이 학교 건물을 비운 사이, 전기는 차단되고 칠흑 같은 어둠 속에서 추모비가 없어졌다. 쉽게 가져갈 수 있는 작은 물건도 아니고 중장비로 옮겨야만 하는 추모비를 어느 한 개인이 소리소문없이 훔쳐갈 수 있을 리도 만무하거니와, 도대체 그걸 훔쳐다 어디에다 쓴단 말인가?

그때 학교는 재단이 새롭게 바뀌며 교직원들의 숨 가쁜 줄서기와 충성 경쟁이 심했다. 상부의 지시가 있었을 가능성이 크지만, 극구 부인하는 상황이라 이 충성 경쟁 속에 누군가 치워 버렸다고밖에는 설명할 수 없는 상황이었다. 후에 밝혀진 바에 의하며 범인은 정보사 장교 출신인 최원봉이었다. 그는 학생처 교직원으로 근무하며 학내에 상주하고 있었다. 그가 정보사 장교 출신이라는 점이 정권이 주도하고 재단은 묵인한 것이 아닐까 하는 의심을 갖게 하지만 최종 결론은 그의 자발적 행동이었다.

총학생회와 유가족, 성남지역 등이 추모비를 되찾기 위하여 분주하게 움직였다. 물론 가장 적극적으로 나선 것은 추모사업회와 법정대학이었다. 유가족은 추모비가 사라진 자리에 천막을 치고 장기 농성에 돌입하였고, 법학과에서는 직접 경찰서로 찾아가 분실 신고와 고발장을 접수했다. 단체별로 총장과의 면담 시도도 여러 차례 있었는데 이 과정에서 동문들도 큰 역할을 했다.

이 시기 박종철 열사 아버지 박정기는 생전 유가협 회장을 맡고 있었다. 그는 추모비 탈취 소식을 듣고 가장 먼저 이오순을 떠올렸다. 이오순이 살아 있더라면 그 누구도 엄두를 내지 않았을 일이었기 때문이다.

지역 단체에서는 정치권으로 연락을 넣어 윗선을 통해 학교를 압박하기도 하였다. 김영삼 대통령까지는 연락이 닿지 않았겠지만 거기까지도 편지를 보내 상황을 알렸다. 왜냐하면 그가 재야 정치인이었을 때 송광영 열사 장례위원에 이름을 올린 정치인이었기 때문이다. 그래서 누군가는 추모비를 되찾기 위해 경찰이 비교적 서둘러 움직인 이유가 윗선에서 영향력을 행사했기 때문이 아닐까 추측하기도 한다.

천막 농성은 약 45일간 이어졌다. 이 과정에서 여러 사람의 진술도 확보되었다. 여러 정황이 학교 측에서 모의하지 않으면 일어날 수 없는 일임을 가리키고 있었다. 학생들과 유가족은 만약 추모비를 끝내 찾지 못하면 학교 측에 새것을 가져다 놓으라고 주장할 참이었다. 그러다 경찰로부터 추모비를 찾았다는 연락이 왔다. 이천인가 여주 쪽 사과밭 길가에서 추모비가 발견되었다는 것이다. 경찰이 전국적으로 추모비를 발견하면 제보해달라고 수배령을 내렸는데 그곳을 지나가던 주민이 커다란 돌이 수상하여 신고했다고 한다. 아마 물에 빠뜨렸다면 영영 추모비를 되찾기는 불가능했을 것이다. 범인이 어리숙했거나 치밀하게 준비하지 못했음을 알 수 있다.

추모비는 찾았지만 상대적으로 범인 잡기에는 미온적이던 경찰도 어쩔 수 없이 수사에 나서 범인을 잡았다. 그는 새로 들어온 학생처 직원으로 막 재단이 바뀐 학교 측에 신임을 얻기 위해 과도한 충성 행위를 했다고 말하였다. 그러나 사실 그 말을 믿는 이는 거의 없다. 학교 안에 포크레인이 들어와 그 크고 무거운 비석을 가져가는 일이 벌어졌는데, 최고 책임자인 총장이 이 사실을 몰랐을 리가 없다. 총장은 여러 번의 항의에도 자신이 지시하지 않았다고 끝까지 주장하였다. 그러나 최소한 상황을 인지하고 방관했을 가능성이 매우 크다. 특히 범인이 정보사 중령 출신임이 드러난 상황에서는 배후에 더 큰 세력이나 기획이 있었다고밖에는 볼 수 없다.

열사가 사망한 지 11년이나 지난 후의 상황이었다. 송광영의 추모비가 왜 정권과 학교 측에게 거슬리는 존재가 되었을까. 시간이 흘렀음에도 추모비를 없애려고 기획했다는 것은 추모비가 가진 상징성에 대한 정권과 학교의 두려움이 얼마나 컸는지 보여줌과 동시에 그만큼 학내 학생운동과 열사정신계승 흐름이 약화되었음을 보여준다. 박정기가 수기에서 적었듯이 송광영의 어머니 이오순이 살아 있었다 해도 과연 그런 일이 벌어졌을까?

　1980년대부터 90년대, 혹은 그 이후에도 대학생 열사는 많았으나 송광영 열사 추모비처럼 대규모 추모비를 갖고 있는 열사는 많지 않다. 또한 그의 정신을 계승하고자 학교와 지역사회, 전국 단위에서 지속적으로 치열하게 싸웠던 사례도 드물다. 송광영은 처음에는 묘비를, 그리고 뒤이어 추모비를 탈취당하는 시련을 거듭 겪으며 '대학이란 무엇인가, 열사정신을 기리는 일은 어떤 의미가 있는가'와 같은 질문을 오히려 우리에게 던지고 있다.

사라진 추모비

되찾은 추모비

금촌 묘역

1985 송광영

2022년 추모비 이전

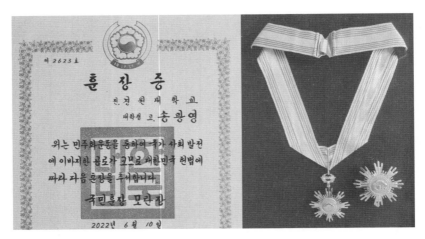

훈장증과 훈장

이천 민주화운동기념공원

5

추모사 추모시 모음

광영이 등에 업고 헤매이는 길

이오순

광영*이 등에 업고
헤매이는 서울길
돗자리 하나
소쿠리 하나
더 팔겠다고
헤매이는 길

저녁으로는
집이라고 돌아오면
꽁꽁 얼어붙은 다락방 신세
날이 새면
돈 벌겠다고
헤매이는 길

　　　　　　　　　　　　　　　　1985 송광영

세월 가고
또
세월 가고
헤매이는 길
꼬막 같은 손으로
어미 앞서 대문 꼭꼭 두드리고
엄마 얼굴 희득 쳐다보고

(안 사요?)
히히대고 웃는 얼굴
그리워라
보고파라
생각나는 길

우리 집 화단의 다알리아꽃
- 광영이 8주기에 엄마가

이오순

광영아! 보고 싶은 내 아들아!

우리 집 다알리아 꽃은 겨울이 되면 죽었다가 봄이 되면 잎이 자라서 초가을부터 다시 꽃이 피어 큰 송이, 작은 송이, 산들산들 가을바람 타고 싱글벙글 엄마를 쳐다보며 반기고 있는데, 우리 막둥이는 길 떠난 지 8년이 되도록 못 오는가…?

길이 멀어 못 오느냐? 일이 바빠서 못 오느냐?

엽서에 적어서 안부도 못 하느냐?

무심하고 야속한 막둥이가 보고 싶어서 불쑥불쑥 모란공원 무덤엘 찾아가면 오는지 가는지 불러도 대답 없고 말 한마디 못하고 돌아오는 어머니 심정도 알 것도 같은데….

다알리아 꽃만큼도 몰라주는구나.

어느 해 옆방 아이가 다알리아 꽃을 꺾어서 야단을 치니까 우리 막둥이는 아이가 꺾는데 야단치면 되느냐고 말했었지.

그때처럼 다알리아 꽃은 한창 피었단다.

아직 피지 못한 망우리는 된서리 맞아서 제구실 못 할까

엄마는 쳐다보면 걱정이란다.

추석 다음 날, 큰형수와 너를 찾아 왔을 때에도 너는 아무 말 없고, 네 후배들이 와서 너를 대신해서 반겨주었고 3일 날 학교 후배들이 너한테 갔다가 선물을 사 들고 집에까지 와서 엄마를 위로해 주고 갔단다.

광영아!

너도 이제는 우리 집에 해마다 탐스럽게 피는 다알리아 꽃을 닮아주어라.

그리고 이제는 어미 걱정은 조금도 하지 말거라.

너를 사랑하는 후배들이 언제나,

항상 잊지 않고 어미를 챙겨 주고 있으니….

너는 민주 세상, 통일 세상이나 하루빨리 오라고 빌어

막둥아! 사랑하는 막둥아!

송광영

고은

차라리 총 쏘아 죽이면 바로 죽기나 하지
석유 끼얹고 불 지르면 그 죽음 어찌 그리 더딘가
병원으로 실려 가서도 나는 죽어야 한다
깨끗이 죽겠다고 치료도 음식도 거부한 사람
그러다가 나를 마지막 희생으로 기필코 민주사회를 이룩해야 한다고
말하고 어느 날 첫새벽 1시 45분 숨 거둔 사람
조국의 아들 송광영, 조국이 무엇이기에 여기 한 기구한 사람
다 살아보기를 거부하고, 불에 타버린 사람 송광영

광주 변두리 태어난 지 백일 만에 서울로 올라와
돗자리 행상의 어머니 등에 업혀 서울 바닥 떠돌았다
돗자리 사려 돗자리 사려 그 여름날 갓난아이
여름 땡볕으로 자라났다
돗자리 공장 다락방에서 자라났다
세월이 무서워
그 갓난아이 어린이로 자라났다
벌집이 무섭다는 아이 위하여 그 벌집 부수다가

벌집에 쏘이는 어린이로 자라났다
학원에서 탄돈 1만5천 원을 동무한테 주고 돌아오는 소년으로
대학생이 되어 자취방 전세 70만 원을 빼내어
20만 원짜리 월세방으로 옮기고
50만 원을 친구의 등록금을 준 대학생으로 자라났다

아침에 국수 40원치 사다가 끓여 먹고 점심은 그까짓 거 굶어 버리고
저녁은 깡통에 쌀 한 줌 되어 다락방 행상끼리 밥 지어 먹으며
이 땅의 한 젊은이로 자라났다
그러다가 어머니 따라 그 자신도 행상을 하고 청계 피복 시다를 하고
노조를 이끌고 그러다가 검정고시로 대학에 갔다
경원대 법학과 2학년
이제 전두환 정권은 학원안정법 외엔 없었다
그토록 억눌려도 일어나고 일어나는 학생들을 철저히 때려잡는
학원안정법밖에 없었다

그러나 거센 저항으로 또 하나의 악법 학원안정법은 끝내 자취를
감추었다
어찌 그것이 아무 일 없이 사라지겠는가

1985년 9월 17일 경원대 학생총회 그날
벌써부터 죽음을 준비한 송광영 시위를 주도했다
비 오는 운동장을 뛰어가며 학원안정법 철폐하라
학원탄압 중지하라 군부독재 물러가라
그렇게 외치며 그의 불붙은 몸에 모여든 학우에게
야 뭐해 싸워야지 하고 쓰러진 송광영
3천 경원 학우, 백만학도 그리고 민주화를 열망하는 모든 민중들이여
이렇게 시작한 그의 성명서 남기고 끝내 쓰러진 송광영
노동자 김종태와 홍기일의 죽음으로 깨친 송광영
28세의 젊은이 경찰의 장례식으로 흙에 묻혔다
그러나 꽃으로 한반도를 수놓은 무덤에 가난과 싸움으로 살다 간
그 젊은 학우와 민중의 추모로 역사에 묻혔다

　　　　　　　　　　　　　　　　　　　　　　　1985 송광영

나의 조국 나의 사랑,
송광영 열사의 넋 앞에 바치노라

문익환

1985년 10월 21일 새벽
면목동 기독교병원 응급실에서
나는 당신을 보았읍니다
숨이 멎어 하늘이 된 당신을 보았읍니다
죽은 듯이
아주 영 죽어 버린 듯이
당신은 눈을 감고 입을 다물고 있었읍니다.
당신은 눈을 감고 무엇을 보시나요
입을 다물고 무엇을 말씀하시나요

나의 이 더러운 손
당신의 거룩한 이마에 얹어 보았읍니다
지금은 온기 하나 없는
싸늘한 이마 오싹하며
나는 부르르 떨었읍니다
그 떨림은 광주였읍니다

홍기일 열사였읍니다

그것은 조국이었읍니다
두 동강 나 찢어지는 아픔
몸살이었읍니다
그러나 결코 결코 절망은 아니었읍니다
이제 우리는 당신의 몸살을 앓고 있읍니다

당신의 아픔 딛고 서서
살 속 뼛속으로 파고드는 절망을 불살라
가슴 가슴에 모닥을 지피고 있읍니다

질크러진 당신의 이마에 손을 얹고
이번엔 내가 눈을 감았읍니다
당신의 감은 눈에 무엇이 보이나
나도 보고 싶어서였읍니다
그러자 당신이 내 눈 속에서 와짝
눈을 뜨시더군요.
밤하늘에서 초롱초롱 빛나는 수도 없는 눈으로

1985 송광영

국민학교 마당에서 뛰노는 아이들의 재잘대는 눈으로
먼지가 덕지덕지 앉아 숨 막히는 풀 이파리들 위에
아침 이슬에 내려 맑게 맑게 빛나는 양심으로

치고받고 따라가며 찌르고 찌르고는
짓밟는
그러고도 모자라 미쳐버리는 세상에
활활 무작정 타오르는 불길
고지식한 사랑의 외곬으로 번뜩이는 핏발선 눈으로

그래서 계훈제 선생은 꾸부정해가지고
당신 앞에서 "나는 가짜구나"고
일생일대의 고백을 했던 것입니다
물론 이 문익환이도 당신 앞에서 죄인일밖에
입이 백 개가 있어도 할 말이 없는 밖에
그러자 당신이 내 속에서 속삭입니다. "뭘 하고 있어"
"뭘 하고 있어"
그렇군요 우리의 입은 아예 꿰매 버리는 게 좋겠군요
당신 앞에서 무슨 말을 더 필요하겠읍니까

모닥불이 휠 휠 타오르면
부나비야 거기 뛰어들면 타는 거 아닙니까
당신의 어머니는 이제 울음을 멈추었읍니다
몸부림도 치지 않습니다
고요히 어린 손자를 보듬고 앉아 계십니다

그리고 중얼거리십니다
이상혀 눈만 감으면 광영이 뛰어나가는 게 여기도 저기도 보이니
저기 다 내 아들 아닌개비어
저 아우성이 모두 광영이 아닌개비여
저 한숨도 슬픔도 아픔도 앞산 뒷산 메아리도 아지랑이도
뜨거운 불길이 여기저기 치솟는 게 보이는구만
모두 광영이 아닌개비여

오 자유
오 자유
저 노래는 또 뭐여
그것도 광영이구마
어쩌면 어쩌면

1985 송광영

그렇습니다 광영이는 겨레입니다
한 맺힌 휴전선입니다.
휴전선 위에 쏟아지는 피눈물입니다
철조망에 걸려 펄럭이는 바람입니다
바람으로 어머니 옷자락에 매달려 우는 깃발입니다

민주주의의 깃발입니다
민주주의인지 뭔지 무식해서 난 모른당게
광영이 마음이사 아시겠지요
내 속에서 나온 새끼 맴이사 알지라우
그러면 됐습니다.
광영이 마음이 바로 민주주의랍니다
내 치맛자락에 매달려 펄럭이는 광영의 맴
그것이 민주주의라면
민주주의 만세다

광영아 내 아들 광영아

시상에 죽은 내 아들 광영이 왜 이리도 무서워한당가

광영이는 이젠 말도 못 하는디 말이여
제 몸에 불을 지르고 뛰지도 못하든디
어쩌자고 모두들 이 지랄이여
왜들 겹겹이 둘러싸고 문상도 못 오게끄럼 막는당가
왜 문 목사랑 계 선생이랑 이 목사랑 끌어낸당가
도둑이 제 발 저린다는디 그기 정말인개비여

제 방귀에 놀라는 토끼 꼴이랑가

광영의 굽힐 줄 모르는 마음이 무서운 거 아니겠읍니까
정말이지 그렁개비여
광영이 몸이사 이제 싸늘하게 식었지만
그 이사 어디 식겠어
어림 반푼 없는 소리지
이 에미 가슴 이리 불붙는다
그 맴이 어찌 식겠어
그 맴이 식는다면

1985 송광영

당신들이 떠들어 쌓는 조국이고 민주주의고 다 거짓말이여 거짓말
자유고 진리고 정의고 다 개나발이여
맞습니다 어머니
그 마음이 식으면 모든 게 개나발이라는 말 맞습니다
천 번 만 번 옳은 말씀입니다
우리 아들은 어려서부터 거짓말이라고는 몰랐응께
이기 돌이라 하면 그게 돌인 거고
저기 나무라 하면 그게 나무였어

난 형들처럼 안 살 것이여 하더니만

이렇게 제 몸에 불 콱 지르고 죽지 안 하였겠어
그렇군요 어머니
죽음으로 산 그의 진실이 그리도 무서운 거군요
거짓말로 살이 피둥피둥 오른 것들이
우리 아들 광영의 그 거울 같은 마음씨가 어찌 안 무서울 것이여
그의 진실 앞에서 세상의 온갖 거짓이 숨을 수 없이 된 거지요
그렇다문사 얼매나 좋을 것이여
내 아들이사 대학교 졸업장 못 받아보고

장개도 못 가보고

땅속에 들어가 썩어 버리겠지만

제 똥 구린 줄이라도 아는 세상이 되기만 한다문이야

광영인 백번이라도 제 몸에 불 싸지를 거구만

송광영의 어머니 이오순

추모사

계훈제

우리는 여기 광영이를 추모하려 모인 것은 아닙니다.

죽었다고 하기에는 너무도 산 사람 가셨다고 하기에는 너무도 우리의 가슴 깊이 뿌리 박힌 사람 산 자를 죽은 자 가운데서 찾을 수 없고 추모할 수는 없습니다.

우리가 여기 모인 것은 단순히 한을 풀고 슬퍼하려고 온 것은 아니고 함께 일어나서 불의 부자유와 맞서 대들고 싸우자고 모였습니다.

식어가는 손목 한번 잡아 보려던 어머니의 손길마저 악당들에 의해 차단당한 채 외로이 떠난 광영이 살아서 묶이고 죽어서도 묶여 널판에 누인 채 병사들의 사나운 구둣발에 채이며 어두운 밤에 끌려간 광영이.

광영이가 진리를 닫고 꿈을 키우던 경원대 앞 바로 옆에 자리한 독재의 아성은 활활 불타는데 불길 속에서 민주와 자유를 외치는 함성 하늘을 찌르는데 191명 가운데 광영의 얼굴이 안 보이니 어찌 된 일이오, 민주혁명의 불꽃을 튀겨 올린 지 이미 38일이 지났는데 사랑하는 가족 학우 그리고 끔찍이도 생각하던 근로자들의 기다림도 모르는 채 돌아오지 않으니 웬일이오.

독재자의 포악한 광주시민 학살에 항거하며 무등산의 기슭에서 몸을 불살랐던 홍기일을 찾아 떠나셨나요. 수원 갯벌에서 자유민주주의를 외치며 배를 갈라 삼천리를 피로 물들인 김상진을 찾아 떠나셨나요.

아니면 착취와 폭정을 일삼던 봉건 군주제를 타도하기 위해 농민들과 함께 조정을 쳐들어갔던 녹두장군을 찾아 떠나셨던가요. 우리들은 광영의 몸에 불을 지른 범인들을 분명히 기억하고 있습니다.

분단과 냉전 논리로 세계 제패를 노리고 있는 제국주의의 침략자들이 광영의 몸에 불을 질렀지.

가공할 핵무기와 잔인한 식민자본으로 우리 민초의 자유를 억압하고 생존을 위협하는 탐욕적인 강대국들이 그랬지. 강대국들의 세계 쟁패의 불장난 속에 주체성도 독립성도 내동댕이친 채 오직 권력에 쏠려 예속 정부 예속 경제를 감수하며 민중을 억압하고 민중을 수탈하는 독재 독점의 군사정권 바로 그것들이 광영의 가슴에 불을 질렀지.

독재정권은 민중의 관용 속에 유지되는 것, 민중의 관용을 틈타 대중 조작으로 민중의 현명을 가리고 진실을 왜곡되게 만들며 권력에 끌려다니는 사이비 지식인, 기울어 가는 나라의 운명과는 아랑곳없이 이욕에 탐익하고 말초 신경에 향락에 매달리는 자본가와 기업인, 그리고 민주화운동을 표방하면서 팔짱 끼고 아무것도 못 하는 살아 있으면서도 죽은 우리들, 바로 이것들이 이 거짓들이 광영의 몸에 불 지른 장본인들이 아니겠습니까.

광영이는 진실에 산 사람입니다.

떨어져 나가는 살점을 움켜잡고 화기로 부어 막힌 기도를 통해 내미는 두 마디, 독재는 쳐부숴야 합니다. 학원법은 없애야 합니다.

지각을 터져 나오는 용암처럼 광영의 진실은 죽음을 뚫고 터져 나왔

1985 송광영

습니다.

주여 나를 왜 버리시나이까? 십자가에 매달린 기독은 절규하셨지만 광영이는 한 줌에 괴로움도 한 치의 원망도 없이 자유가 진리가 생명보다 더욱 소중하다는 것을 증언하였습니다.

오! 광영이는 불덩어리, 자유 덩어리, 진실 덩어리. 광영이는 참말로 용기 있는 사람입니다.

그는 두 번 몸에 불을 지른 셈입니다. 그는 조금씩 치유되어 가는 기간에도 치료를 거부했습니다. 식음을 거부했습니다. 스스로 최후를 결정한 용자에게 죽음은 아무런 권위도 의미도 잃었습니다. 의는 용기를 낳고 용기는 영원히 사는 길을 열어 주면서 우리를 일깨워 주었습니다.

계훈제 선생

오! 광영이는 불덩어리, 용기 덩어리, 승리 덩어리 죽음을 앞둔 순간 누구나 지순한 마음으로 돌아갑니다.

광영이는 진실과 용기를 심어주고 숨져 갔습니다.

이 순간의 진실이 보다 생명력을 누린다면 오늘의 사회는 자유와 평화를 누리련만 이제 우리는 광영에게 추모도 하지 않았거니와 명복도 빌지 않으렵니다.

못다 이룬 한 많은 일들을 남겨 놓고 고이 잠들 수 있는 광영이 아니기에 너무도 잠 못 이루는 이웃들을 남겨 놓은 채 고이 잠들 수 있는 광영이가 아니기에 차마 고이 잠들라고 할 수 없습니다.

다만 달려드는 엄동설한에 독재 독점의 잔악한 통치와 극심한 억압으로 이글이글 떨어져 간 화상의 흔적을 말끔히 털어 버리고 새로운 살 새로운 몸으로 다시 돌아와 사랑하는 학우들, 근로자들과 어깨를 메고 반독재 투쟁 전선에 나서자고 부탁하고 싶을 뿐입니다. 그리하여 안으로 반민주적 요소를 몰아내고 밖으로 우리에게 하나도 이로울 리 없는 외세를 물리쳐서 우리의 시대가 보다 맑고 건강하게 되어 자유와 평등을 구가하는 나라를 만들자고 말하고 싶을 뿐입니다.

어서 빨리 일어나소서!

1985년 11월 28일
민주통일민중운동연합
계훈제

에필로그 85

송광영

규칙은 너무 단조로워 탈선을 꿈꾸던 봄날
바람은 간지럽게 살 속으로 파고들어
잔인한 미소로 육신을 헝클고는
뜨거운 해를 향해 비굴한 눈짓을 띤다.
니힐, 움직일 수 없는 돌
현재와 함께 움직이는 모든 피조물
과거엔 무척도 지루했던 시간
모든 것이 베일에 싸여 있다가
일시에 적나라한 모습을 펼친다
위선과 오만과 순결, 그리고 니힐,
밤이면 샘솟듯 솟아오르는 시상을 감당 못 해
미칠 듯 펜을 부여잡고 허공을 응시하였다.
난자당하고 처절히 유린된 순백의 종이들이
책상 위에 방구석에서 울고 있다.
오딧세이를 읽고, 미네르바를 연모하고
셰익스피어 김지하와 수인사를 나누던

그날을 잊을 수 없음은 어인 일인가.
이렇게 또 하나의 밤이 사라져 가는데
여자는 이제서야 피곤한 육신을
벗어 제치고 있다.

아! 그날 아침은 교회 종소리가 들리고 있었다.

1985 송광영

경원투사들에게

1985년 9월 17일 송광영

너희들을 내가 좋아하고 사랑한 만큼 내가 너희들의 사랑을 받을 수 있을지 모르겠다.

하지만 누구보다 앞장서 싸워온 나를 누구보다 자랑스럽게 여기기에 내 죽음 이후 너희들에게 할 일을 부여할 수 있을지 모르겠다.

다시는 이 땅에 이러한 악순환이 되풀이되지 않기를 바라면서도 이 싸움이 너희들에 의해서 끝맺기를 바랄 수밖에 없는 이율배반적 현실이 슬프기도 하다.

열심히 공부해라!

못난 선배처럼 확고한 이론적 바탕을 이루지 못한 것을 철저히 비판해라.
짧은 생 미련은 없으나 너무나 아쉬운 것이 많다.
이루지 못한 일을 넘겨줄 수밖에 없는 것을 미안하게 생각한다.

양심선언

1985년 9월 17일 송광영

　삼천 경원대 학우 백만 학도, 그리고 민주화를 열망하는 모든 민중들이여!

　지금 군부독재는 분단 40년 역사의 질곡에서 민중의 생존권과 피쏟아지는 자유의 외침을 외면한 채, 오직 자신들의 권력에만 집착하여 또다시 역사의 수레바퀴를 거꾸로 되돌리려 하고 있다.

　500억 불이 넘는 외채를 짊어지고, 온갖 상품의 수입 개방 정책으로 농가는 파탄에 빠지고, 노동자들의 허리는 갈수록 조여들건만 현 군부독재 정권은 이러한 민중의 도탄을 무시한 채 오직 총칼로만 권력에의 복종을 강요하고 있다.

　더불어 현 군부 독재정권은 민중의 삶을 외면하고 있을 뿐만 아니라, 우리 민족의 자주성마저 양키와 쪽바리들에게 팔아먹고자 혈안이 되어 스스로 그들에게 종속당하고자 음모를 꾸미고 있는 것이다.

　정녕 우리 민족이 아직도 외세에 의해 지배당하고 그리고 소수 독재정권에 의해 우리의 주체성이 말살되어감에, 내가 태어난 이 땅을 순수하게 사랑하는 피 끓는 젊음을 가진 나는 방관하고만 있을 수 없다는 것을 안다. 때문에 나는 현 독재정권이 타도되어야 한다고 믿으며 그리고 전 민중이 자유롭게 형성되는 여론에 따라 우리의 주체성을 확립하고, 우리의 자주성을 세계만방에 고함으로써만 우리의 해방은 이뤄질 수 있다고 믿는다.

이러한 믿음과 조국에 대한 끝없는 사랑으로 나는 최후의 순간까지 독재정권에 물러서지 않고 항거할 것이며, 이러한 투쟁이 전 민중에게로 확산되기를 간절한 마음으로 바라마지 않는 바이다.

이러한 우리의 결연한 의지는 결코 독재정권이 총칼이나 학원안정법 따위의 악법으로도 복종을 강요할 수 없음을 나는 안다.

이 땅의 민주화와 자주독립 국가로서의 해방과 민중의 인간다운 삶을 위해 자신을 내던진 투사들의 희생정신에 다시 한번 고개 숙여 경의를 표하는 바이며, 마지막으로 나는 현 정권에 대해 엄중히 경고하는 바이다.

광주학살 책임지고 전두환은 물러가라!

학원 악법 철폐하고 독재정권 물러가라!

그대 그리던 해방의 아침은 끝내 오리라

백창우 작곡 작사/ 노래 파랑새

추모곡 악보

* 열사 분신 후 당시 학생장례위원회 집행위원장이었던 임일빈(당시 법학과 2학년)이
작곡가 백창우에게 부탁을 하여 만들어진 곡이다. 당시 C동 앞에 걸렸던 열사의 대형
만장은 미대 회화과 학우가 그려줬는데 이후 경찰의 학내 침탈 이후 강탈되어 분실
사라졌다.

1985 송광영

눈 감으면

김제섭 곡

눈 감으면
빛나는 눈빛으로 따스한 웃음으로
가까이서 들려오는 정다운 너의 목소리
눈 감으면 보이는 내 아들딸의 얼굴
지금도 떠나지 않고 가슴속에서 웁니다.
해마다 봄이 오면 내 아이도 아지랑이도
눈 감으면 보이는 사랑스런 모습

민주의 불꽃으로 통일의 기쁨으로
조국을 품에 안고 외치던 너의 목소리
눈 감으면 보이는 순결한 너의 모습
지금도 떠나지 않고 가슴속에서 웁니다.
해마다 봄이 오면 내 아이도 아지랑이도
눈 감으면 보이는 자랑스런 모습
눈 감으면 보이는 자랑스런 모습

유가협 총회 자리에서 '눈 감으면'이 처음으로 선보였다. 당시 연대를 위해 유가협을 자주 방문하던 서울대학교 노래패 메아리, 전진상 등이 있었는데 김제섭이 문익환의 시에서 구절을 가져오고 곡을 붙였다. 유가족들과 가까운 재야인사였던 문익환은 이오순(송광영 열사의 어머니)이 평소 해 오던 이야기를 듣고 한 편의 시를 썼다.

"이상혀 눈만 감으면 광영이 뛰여다니는 게
여기도 저기도 보이니
저게 다 내 아들 광영이 아닌개비여!
뜨거운 불길이 여기저기 치솟는 것이 보이는구먼!
저 아우성이 모두 광영이 아닌개비여!"

박종철 열사의 아버지 박정기는 이오순이 입만 열면 되뇌던 말을 그대로 옮긴 시라고 알려주었다. 떠난 자식을 그리워하는 어머니의 심정을 담은, 열사가 아닌 유가족을 소재로 한 최초의 노래였다. 당시 공연에서는 박미선이 노래를 불렀다.

공연 내내 훈훈했던 분위기는 이 노래가 흘러나오자 돌연 숙연해졌다. 이오순의 노래이면서 유가족들 모두의 노래였던 것이다. 공연을 마친 뒤 박정기는 김제섭에게 말했다.

"우리 유가족들의 마음을 어루만지는 노래를 맹글어줘서 고맙데이."
그 후 이 곡은 '노찾사'가 계속 부르게 된다.

6

민주투사 이오순

어머니는 아들을 잃은 후 생계를 놓고 투쟁을 본업으로 삼는다. 그녀는 모든 시위현장과 구속자 석방 투쟁의 맨 앞 선봉에 선다. 그녀는 모든 것을 내걸고 싸웠기 때문에 투쟁현장에서 언제나 앞에 있었다. 최루탄이 쏟아지는 상황에서도 이오순은 도망치지 않고 소리치며 경찰에게 대들어 '공포의 황색 가방'으로 불릴 정도였다.

민주니 동지니 나는 모르오

"나는 민주도 모른다요, 동지가 다 뭐다요"

송광영 열사 분신 후 인생의 변화를 가장 크게 겪은 사람은 송광영 열사의 어머니 이오순이다. 그는 아들 분신 후 찾아와 이런저런 말을 하는 사람들 앞에서 나는 민주도, 동지도 모른다고 말했다. 이는 곧 아들이 목숨과 바꾼 그것이 무엇인지 묻는 간절한 질문이기도 했다. 이후 이

송광영의 어머니 이오순

오순은 이 질문에 답을 찾는 것으로 삶의
진로를 크게 바꾼다. 담대하게 '민주'를 품
고, '동지'를 향하여 뚜벅뚜벅 걸어간 그의
삶은 아들보다 더 오래 민주화운동을 했
던 투사의 삶이었다.

민주투사 이오순

이오순은 1926년 5월 18일 광주광역시
오치동에서 태어났다. 해방을 두 해 앞둔
1943년 18세에 송판금과 결혼한다. 그의 삶은 일제강점기와 광복, 한국
전쟁을 겪은 우리 시대 어르신들이 자주 이야기하는 가난하고 고단한
삶 그대로이다. 오 남매를 낳아 길렀고, 6·25전쟁 후유증으로 일하지 못
하는 남편을 대신하여 행상과 소쿠리 바구니 장사를 하며 생계를 책임
졌다. 위로 네 아이들은 남편과 함께 광주에 살게 하고 1958년 태어난
막내 송광영은 아직 어렸기에 등에 업은 채 일해야 했다. 송광영 나이
다섯 살인 1964년, 남편 송판금이 끝내 사망하였을 당시 이오순의 나이
는 38세였다.

남편 송판금의 사망 후 온 식구는 서울로 상경하였다. 당시에는 뭘 해
도 서울에서 해야 한다는 생각이 지배적이었다. 힘들어도 서울에서 버티
기 위하여 모진 시절을 감내하였다. 시장에 있는 상회 다락방이 이들의
주거 공간이어서 한동안 거기서 살았다. 벌이가 적어 살림살이는 좀체
펴지지 않았다. 달동네와 빈민촌을 전전하면서 생계를 이어갈 책임이 이

오순의 두 어깨에 있었다. 자식들이 하나씩 성장하고 일찍 학교를 졸업해 사회에 나갔지만 쉽지 않은 삶이었다. 뒤늦게나마 막내가 대학에 입학하고서야 그의 어깨는 조금 가벼워지고 숨 쉴 구멍이 보이는 듯했다.

이오순이 막내 광영까지 모두 다섯 남매를 낳아 키우며 고생한 흔적은 그의 몸 곳곳에 남아 있었다. 특히 머리 위쪽의 심한 탈모는 오랜 세월 바구니 등을 머리에 이고 다녔기 때문에 생겼다고 한다. 이오순은 언제나 자식들이 먼저였다. 막내 광영이 장성하여 한시름 놓는가 싶었을 때도 딸과 아들이 결혼한 뒤로는 손주를 돌보며 쉼 없이 일했다.

막내 광영은 어려서부터 총명했고 귀여움을 많이 받았다. 사춘기를 겪으면서 방황하긴 했지만 속이 깊었다. 똑똑한 막내가 공부를 계속하길 바랐지만 고생하는 가족들을 위해 생계에 일찍 뛰어들겠다고 하니 이오순은 말리지 못했다.

그러다 1985년 9월 17일, 그날이 왔다. 처음 소식을 들은 둘째 아들은 이오순이 너무 놀랄까 봐 바로 소식을 전하지 못했다. 이오순의 나이가 그때 벌써 60세로 당시로써는 고령이었기 때문이다.

아들 송광영은 온몸을 붕대로 감고 있었다. 하늘이 무너지는 소식이었지만 살아 있어서 다행이다 싶었다. 사고는 많이 쳤어도 크게 다친 적은 없었는데, 우연히 다친 게 아니라 스스로 몸에 신나를 끼얹고 불을 붙였다 했다. 얼굴도 이름도 모르는 처음 보는 사람들이 찾아오고, 자신을 교회 목사니 기자니 소개하며 말을 걸고 사진을 찍었다. 경찰이 병실을 둘러쌌다. 아들이 데모를 하고 다니는 건 알았지만 사람들이 아들을 만나지 못하도록 막는 이유는 이해할 수 없었다. 사람들이 경찰을 피해 몰래 만나러 왔다. 이때부터 이오순에게 경찰은 시민을 보호하는 사람이 아니라 감시하고 괴롭히는 존재였다. 그 반대편에 문익환 목사와 계훈제, 이해학 목사 같은 사람들이 있었다. 이 사람들이 하는 말을 들으니 아들은 '민주화'를 위해 분신했다 한다. 전태일이니, 김종태니 하는 이름을 난생처음 들었고, 같은 처지의 부모들이 있다는 말을 들었다. 함께 싸우고 지켜주는 것이 '동지'라는 것도.

그러나 아들의 화상은 죽음보다 더한 고통을 동반한다. 그 아들을 지켜보는 어머니의 마음은 열 배, 아니 백 배 더 아팠다. 그러니 '민주'니, '동지'니 하는 것이 무슨 소용이란 말인가. 오 남매 중 막내아들. 먹고 사느라 품에 끼고 돌보지 못해 더 애틋한 광영이. 가난한 집에서 태어나지 않았다면 제때 대학에 가서 좋은 머리로 뭘 해도 했을 기특한 막내다. 늦게라도 철이 들어 명문대는 아니지만 번듯한 법대를 다니고 몸이 아프다고 하면 주물러주고 다정하게 말 걸어주던 자상한 아들, 쌈짓돈을 퍼주는 것도 아깝지 않았던 막내인데, 저리 아파하고 고통스러워 하는 일을 저지른 이유가 무엇이란 말인가. 제 한 몸이나 잘 먹고 잘살면 되는 것을 어째서 세상을 구해보겠다고 몸에다 불을 질렀을까.

평소에도 불의를 참지 못하고 어려운 사람 잘 돕는 막내인 줄은 알았다. 그리고 그냥 무턱대고 일을 저지를 성격이 아닌데, 누군가와 싸우기 위해 스스로 불을 질렀다니 그 상황을 쉽게 이해하기 어려웠다.

처음에는 민주인사라는 사람들이 아들을 꼬드겨서 저리 만든 건 아닐까 하는 생각도 했다. 아들이 데모하러 다닌다고 형사들이 찾아오고 방을 난장판으로 만들었을 때도 그런 생각이 있었다. 어떤 나쁜 인간들이 아들을 꼬여낸 거 아니냐고.

"민주니 동지니 하는 건 나는 모르오."

이렇게 말할 적에는 내심 민주니, 동지니 하는 말이 밉다는 감정이 담겨 있었을 것이다. 그렇게 1985년 9월과 10월을 이오순은 화가 나고, 슬픔이 차오르고, 억울함과 안타까움이 가득한 채 정신없는 시간을 보냈다.

그런데 이상한 일이 일어났다. 아들의 치료가 제법 효과를 거두고 사과를 반쪽 이상 먹기도 하던 때였다. 광영이 조금씩 말도 하고 웃기는 소리도 하길래 다 나은 줄 알았다. 심지어 곧 결혼할 형의 약혼녀에게 "형수님, 결혼날짜가 한 달밖에 남지 않았는데 이렇게 저 병문안까지 오시려면 힘드시잖아요. 제가 다 나아가고 있으니 결혼식은 꼭 참석할게요" 하고 당부까지 하던 아들이 갑자기 숨이 끊어진 것이다. 간호사가 이상하다는 말을 했었는데 그 요망한 것이 안기부의 사주를 받고 무슨 일을 벌인 건지….

계훈제 등 재야단체 등 민주화운동 하는 이들이 병실에 찾아왔다. 광영의 죽음을 헛되게 하지 않으려면 국민들에게 알려야 한다며 사진을 찍는데, 간호사가 소리 지르며 밖에 있던 경찰을 부르는 모습에서 의심은 확신이 되어갔다.

광영이 자기가 죽으면 시신을 경찰에게 넘기면 안 된다고 말했던 게 생각났다. 조용히, 다른 사람들이 알지 못하도록 감추려는 쪽과 그의 죽음과 투쟁을 전 국민에게 알려야 한다고 생각한 쪽의 싸움이 시작되었다. 여러 가지 여건으로 삼일장을 치르기로 결정하고 장례위원회가 꾸려졌다. 그리고 뭘 한 것도 없는데 문익환, 계훈제가 구속되었다. 경찰로부터 송광영의 시신을 지키기 위해 위험을 무릅쓰고 돕는 사람을 가두는 악랄한 정권의 모습을 보면서 이오순의 마음에 분노가 생겼다.

이때 이오순의 가슴에 뚫린 커다란 구멍을 메꾸어준 사람들이 있었다. 전태일 어머니 이소선을 비롯하여 같은 아픔과 슬픔을 겪은 유가족 동지였다. 또한 성남시에서 찾아온 이해학 목사와 신도들이었다. 이오순

가정 방문

문목사 일행 가정 방문

은 이후 산자교회를 다니기 시작했고 유가족들과 동지가 되어 서로 위로하고 함께 싸우며 '세상이 잘못되어가고 있구나, 그래서 우리 아들이 이렇게 행동했구나' 하는 것을 어렴풋이 알게 된다.

1986년 '민주화운동유가족협의회'(유가협)이 만들어졌다. 유가협 창립 과정에 함께 한 이는 전태일의 어머니 이소선과 김종태 어머니 허두측, 송광영 어머니 이오순, 그리고 의문의 죽임을 당한 신호수의 아버지 신정학 등이었다. 민통련의 도움으로 '평화의 집'에서 열한 가족, 스무 명 가량이 모여 1986년 8월 '민주화운동유가족협의회'을 창립했다. 초대 회장은 이소선이다.

이후 약 9년, 갑작스러운 심장마비로 사망하게 되는 1994년까지 이오순은 나이와 체력을 잊고 유가협 활동을 삶의 중심에 두고 살아갔다. 그는 아들의 죽음을 계기로 다시 태어나 아들을 대신하여 투쟁하며 성장했다. 아들이 고통 속에 외치며 죽어가던 '민주화'의 신념이 무엇인지

가정 방문

묻고 답을 얻으며 새 삶을 산 것이다.

유가협을 기억하는 사람들에게 이오순은 '큰 사람'이다. 박종철 열사 아버지 박정기는 구술 회고록에서 유가협 활동을 이야기하며 이오순을 참 많이 그리워했다. 문익환 목사 역시 구속 중에 아들과 함께 이오순에 게 편지를 썼고, 이소선은 '언니 언니' 하며 따랐다고 한다. 이오순은 겸 손하고 성실했으며 자기를 내세우지 않았다. 1991년 이오순은 유가협 부회장직을 맡았다. 집회장에 빠짐없이 참여하였고, 몸을 사리지 않고 누구보다 열심히 싸웠다. 이오순에게 마이크를 쥐여주면 대중의 심금을 울렸기에 재야 어른들은 이오순을 정말 좋아했다.

어머니는 아들을 잃은 후 생계를 놓고 투쟁을 본업으로 삼는다. 그녀 는 모든 시위현장과 구속자 석방 투쟁의 맨 앞 선봉에 섰다. 모든 것을 내걸고 싸웠기 때문에 투쟁현장의 앞에 있어도 두렵지 않았다. 최루탄 이 쏟아지는 상황에서도 이오순은 도망치지 않고 소리치며 경찰에게 대 들어 '공포의 황색 가방'으로 불릴 정도였다. 전태일의 어머니 이소선보 다 나이가 많아 언니, 언니하고 불렀고 늘 같이 가까이 지냈다. 가방에 우산 하나를 꼭 가지고 다니며 전경을 후려칠 때 사용하고, 물병을 가지 고 다니며 목마른 사람에게 물을 나누어 주었다. 그런 따뜻하고 실천적 인 모습 때문에 이오순은 재야 어른들이 굉장히 좋아하였다.

그런 어머니의 모습이 한 장면 속에 선명하게 박혀 있는 기억이 있다. 1991년 5월 경원대학교 천세용 열사 분신 후, 천 명에 가까운 학생들이 잔디 광장에 모였다. 5월 햇살이 날카로운 화살처럼 살에 꽂히는 날이었다. 이들은 4월 27일 명지대 강경대 열사가 시위 중 쇠파이프에 맞아 죽었다는 사실에 분노하고 5월 3일 경원대 90학번 천세용의 분신으로 투쟁의 불길을 계속 지펴야 한다는 생각에 가득 차 있었다. 91년 노태우 정권 퇴진투쟁은 최대 40여만 명이 참여하여 6월 항쟁을 연상시킬 정도로 많은 이가 참여하였다. "해체 민자당, 퇴진 노태우"의 구호는 전국적으로 들끓었고 경원대도 마찬가지였다.

분노의 감정으로 들끓는 학생들은 팔을 높이 들어 구호를 외치고 박수를 치며 전의를 높이고 있었다. 비슷비슷한 연설이 반복되고, '빨리 거리로 나가지' 하는 생각이 들며 지쳐갈 무렵 사회자가 '어머니를 무대로 모시겠습니다' 하고 어머니 이오순을 소개했다. '어머니' 노래의 전주가 흘러나오고 노랫소리에 맞춰 팔에 힘이 쭉쭉 들어갔다.

"사람 사는 세상에 태어나/너와 내가 부둥켜안을 때/모순덩어리 억압과 착취/저 붉은 태양에 녹아버리네/사람 사는 세상이 돌아와/너와 나의 어깨동무 자유로울 때/우리의 다리 저절로 덩실/해방의 거리로 달려가누나/아아— 우리의 승리/죽어간 동지의 뜨거운 눈물/아아— 이글거리는 눈빛으로/두려움 없이 싸워나가리/어머니 해맑은/웃음의 그 날 위해. 투쟁!!"

노래가 끝나고 어머니 이오순이 마이크를 잡았다. 열사 정국이었기에 그는 늘 소복을 입고 있었고, 쪽찐 머리를 해서 시골 아낙처럼 보였다.

체구는 크지 않았지만 쩌렁쩌렁한 목소리가 있어서 왜소하다는 느낌은 없었다. 무엇보다 그의 말에는 진심이 담겨 있었다. 송광영 열사를 본 적이 없는 사람도 어머니를 보면서 '광영이도 저랬을 거야' 하고 송광영의 성정을 짐작할 수 있을 정도였다.

"나는 민주도 모르고 동지가 뭔지도 몰랐습니다. 지금도 목사님 따라다니고 유가협 식구들하고 가족 교실에서 아들의 생각을 알리려고 열심히 배우고 있어요. 내가 무식해서 잘 모르지만 나쁜 놈은 벌을 받고, 옳은 놈은 칭찬해야 합니다. 왜 옳은 놈이 죽고 다칩니까? 왜 우리 착한 학생들이 재판을 받고 구속되고 감옥에 갑니까?"

연설하는 이오순

"유가협이 학생들이 민주화운동 하다 구속되고 재판을 하면 거기를 꼭 가서 응원하며 하는 말이 있습니다. 너네들은 잘못한 게 없으니 고개 숙이지 말아라. 저는 그렇게 외칩니다. 재판장이 재판정에서 이상한 소리 하는 것도 봤어요. 저는 그 앞에서 기죽지 않고 큰소리로 항의합니다. 재판정에 서 있는 학생들 힘 나라고 빽이 되어주는 겁니다."

"소리를 지르고 목을 많이 쓰다 보니까 항상 보온병에 물을 넣어 들고 다닙니다. 그런데 어느 날은 재판정에 들어가는데 전경 놈이 몸수색을 합니다. 어찌나 기분 나쁘게 더듬는지 화가 나서 참을 수가 없는데 이놈이 내가 가지고 있던 보온병을 보고 이게 뭐냐고 묻더라구요. 그래서 내가 보온병을 하늘 높이 치켜들면서 이렇게 외쳤습니다. 폭탄이다 이놈아!"

장내는 웃음바다가 되었다. 통쾌함과 시원함이 한바탕 휩쓸고 지나갔다.
"죽지 마세요. 살아서 싸우세요. 우리 아들 광영이가 다시 살아온다 해도 나는 같은 말을 할 겁니다. 문익환 목사님이 노제에서 열사들의 이름을 목놓아 불렀을 때 우리 아들 이름이 거기 있었습니다. 그렇게 목이 터져라 불러도 제 아들은 살아오지 않습니다. 천세용이도 마찬가지입니다. 이 젊은이들이 뭘 잘못했습니까? 광영이는 학생들이 데모한다고 학원안정법을 만들어서 정신병원에 가두고 몽둥이로 때리는 걸 막고 민주화를 위해 싸웠어요. 그렇게 민주화를 위해 싸우다 학생과 노동자들이 죽고 다치고 있습니다. 박종철이가 물고문에 죽고, 강경대가 쇠파이프에 죽고 유가협 회원들이 늘어나고 있습니다. 이게 맞습니까? 이런 일이 더 이상은 계속되지 않으려면 독재정권이 반드시 물러나야 합니다." 아들을 먼저 보낸 어머니의 한스러움이 담겨 연설은 더 큰 울림이 있었다.

유가협은 민가협에서 독립한 후 더욱 왕성한 활동을 이어나갔다. 대한 민국의 민주화운동이 각 부문별로 왕성한 활동을 보일 때, 그만큼 구속자와 열사도 늘어났고 또 그만큼 유가족들의 숫자도 할 일도 늘어났다. 유가협 활동의 중심에는 반드시 이오순이 있었다. 정이 많아서 사람들을 품고, 성실하고 부지런해서 뒤로 물러서지 않았기 때문이다. 안타깝게도 자식으로 인해 싸움을 시작하는 이들이 늘어나면 이오순은 그들까지 따뜻하게 품었다. 이오순은 이들에게 전투적으로 싸운 전설의 선배나 다름없었다. 아들을 잃은 후 유치장에 수시로 갇히고 수배되었지만 상황에 굴하지 않고 전국 모든 대학에 가서 연설을 하였다. 두들겨 맞고 끌려가던 모든 이를 자신의 아들이자, 딸로 보았고 그의 넓은 가슴으로 다독이고 안아주었다.

그러다 1994년 이오순은 사망한다. 생전에 그의 활동이 여느 민주투사 못지않은 실천을 보여주었기에 마석에 묻히고 민주화운동 유공자가 되었다. 그러나 열사의 어머니, 아버지들의 삶이 재조명되기 시작한 것은 좀 더 후의 일이어서 많은 이들이 이오순을 잘 알지 못한다. 2011년 9월 전태일의 어머니 이소선이 사망하고, 2018년 7월 박종철의 아버지 박정기에 이어 2022년 1월 이한열의 어머니 배은심이 세상을 떠난 후 사람들은 열사의 어머니 아버지가 언제나 곁에 있을 수 없다는 사실을

깨달았다. 뒤늦게 책과 다큐멘터리 등으로 기록을 남기고 있으나 남은
생을 다해 민주화운동에 기여한 여성 운동가 이오순의 삶과 투쟁은 안
타깝게도 재조명되지 못하고 있다.

아들의 뒤를 따라 투사가 되다

이오순의 민주화운동 투지에 불을 붙인 첫 번째 사건은 파주 금촌에 세워둔 송광영의 비석이 탈취된 사건이었다. 성남에서 분신한 송광영의 장지가 멀리 떨어진 금촌으로 정해진 이유는 주민교회 신자 김종태 열사가 먼저 거기에 묻혀 있었기 때문이다. 송광영 분신 후 경찰의 방해로 장지를 구하기 쉽지 않는데 마침 이곳을 알고 있어서 장지로 정할 수 있었다. 막상 묘를 쓰고 보니 송광영 열사 묘 옆이 서강대에서 투신한 김의기 열사의 묘였다. 허나 그의 무덤에 이렇다 할 비석이나 표식이 없어 사람들이 김의기 열사를 알지 못하는 것이 마음에 걸렸다. 힘들게 장례를 치른 후 유가족과 장례위원회에서 '민주투사 송광영의 묘'라고 적힌 비석을 제작하여 무덤 앞에 세웠다. 그런데 그 비석에 적힌 '민주투사'라는 말이 경기도 외곽이자 휴전선 인근에 있던 작은 경찰서까지 긴장감을 주었고, 결국 그들은 어느 날 비석을 몰래 없애버린다.

이 사실을 알게 된 유가족들은 비석을 되찾기 위하여 파주경찰서를 찾아가 항의 집회를 열었다. 앞문이 닫혀있자 뒷문으로 넘어갔고 결국 경찰서장을 만나 따질 수 있었다. 당시 그런 규모의 시위를 처음 접한 경찰서장은 "안 했다"고 끝까지 주장하지 못하고 "되찾아놓겠다"고 대답한다. 잘못을 시인한 것이다. 그 일을 겪으면서 이오순은 '이놈들이 하는 짓을 보니까, 우리 아들이 싸울 만했구나' 하는 마음이 들었다 한다. 또한 파출소의 담을 넘고 몸을 사리지 않고 제 일처럼 싸우는 유가족을 보며 깊은 동지애를 느꼈다.

유가협은 기독교회관에 주로 모여 서로의 허전한 마음을 위로하였고, 점점 뜨겁게 달아오르는 투쟁현장에 찾아가 연대하면서 자식들이 못다 한 일을 함께 이루는 동지로 성장한다. 그들이 겪은 일만 적어도 송광영 사후 무슨 일이 있었는지 알 수 있어 나열해 본다.

- 1987년 노동자 대투쟁, 1987년 민주화 투쟁.
- 1988년 전대협 '청년학생 6·10 민주화 투쟁 1주년 기념대회 및 판문점 출정식'
- 1988년 기독교회관에서 의문사 진상규명을 위한 135일의 농성.
- 1989년 3월 25일 전국민족민주운동연합(전민련) 상임고문인 문익환 목사 평양 방문, 4월 13일 국가보안법 위반 혐의로 구속.
- 1989년 유가협 '한울삶' 마련(1989년 봄 서화전을 열어 자금을 마련하는데, 전국의 유명한 재야 어르신, 문화예술인 등을 직접 찾아다니며 작품을 모았다). 서울 동대문구 창신동의 허름한 한옥을 구해 그해 12월 17일 입주했다. 신영복 선생이 서화전 때 기증한 글씨 '한울삶'이 이곳의 이름으로 정해졌다.
- 1991년 강경대 치사사건과 열사정국.
- 1991년 11월, 6번째 유가협 총회에서 박정기 회장 당선(그해 99일 구속 후 출감), 민가협으로부터 완전히 독립.
- 1992년 3월 15일 숭실대에서 '전국민족민주열사추모사업회 연대회의' 출범.

1990년에 열렸던 합동 추모제를 계기로 2년간의 준비 끝에 전국 40여 개 추모사업회가 결집함.

이한열 어머니 배은심에 관한 글에는 유가족들이 학생들을 다치게 하고 심지어 죽음까지 몰아간 최루탄 문제에 항의하기 위하여 최루탄을 제조하던 삼영화학에 항의 방문을 가거나, 왜곡보도를 일삼은 조선일보에 찾아가 한바탕 시위를 했다는 기록이 있다. 기록은 없으나 이오순은 한때 부회장직을 맡기도 하고 열혈 활동하였기 때문에 이들과 함께했으며 앞장섰을 가능성이 크다.

이오순의 사망과 여러 가지 이유로 힘은 다소 미약해졌지만 유가족의 투쟁은 멈추지 않았다. 그들은 1998년에서 1999년까지 422일 동안 여의도에서 농성을 해서 '민주화운동관련자명예회복특별법'과 '의문사진상규명특별법'을 제정해냈다.

이오순은 민주화운동이 전국적으로 퍼져 나가던 시절 그 누구보다 바쁘게 다니면서 스스로 민주투사로 깨어났다. 이 시기는 유신독재를 계승한 전두환 군부독재를 끝내고 87년 민주화운동과 6월 항쟁의 거대한 물결이 일어나는 시기였다. 또한 뒤이어 5공화국이 탄생하고 노동자 대투쟁과 통일운동, 각 지역의 부문 운동이 활발하게 전개되는 시기 한가운데 이오순이 있었던 것이다. 광영이 살아 있었다면 결코 주저하지 않고 함께 했을 운동을 어머니가 이어갔고, 그러면서 이오순도 스스로 운동가로 다시 태어났다.

전국적인 저항의 물결은 지지하고 연대하는 사람이 많았지만 탄압도 거세었다. 시위대가 대열을 이룰 때는 많은 수가 모여 구호를 외치지만 경찰이 치고 들어와 때리고 잡아가면 흩어진 개개인은 약한 존재가 된다. 보통의 평범한 사람들은 폭력적인 탄압 앞에서 몽둥이의 희생자가 될까 무서워 주눅 들 수도 있는데, 이오순은 누구보다 용감하게 "하지 마라"하고 막아섰다. 자식을 잃은 어미는 더 잃을 것이 없었다. 목숨도 아깝지 않았다. 그 모습에 도망가려던 이들은 다시 용기를 얻어 무리를 지어 싸울 힘을 얻었다. 이오순의 타고난 성격과 기질, 그리고 아들을 잃은 울분이 투쟁현장에서 지도력을 발휘하게 되는 것이다.

송광영 열사가 분신한 1985년은 1980년 광주항쟁에서 사망한 무고한 시민의 한이 쌓일 대로 쌓이던 시기였다. 분노가 쌓이고 쌓여 마침내 광영은 가장 극한적인 저항을 택하여 분신하였고, 그의 외침 앞에 전국적인 대오들이 보다 적극적으로 움직이고 반응하면서 투쟁의 대오가 곳곳에서 조직되었다. 특히 1987년 1월 14일 남영동 고문실에서 물고문으로 사망한 박종철의 죽음은 참고 억눌러왔던 분노가 전국적으로 폭발하는 계기가 되었다. 뒤이어 6월 9일 이한열이 학내 시위 도중 최루탄에 맞아 사망하자 국민들의 분노는 걷잡을 수 없는 민주화의 열기로 확산되었고, 이는 마침내 6·29 선언 등 87년의 상황으로 이어졌다.

싸우는 이의 수가 늘자 이와 비례하여 구속된 이의 부모, 실종된 이의 부모, 목숨을 바친 이의 부모들이 늘었다. 이들은 자식을 대신해 싸우고 결집하였다. 이 시기 열사들의 이름이 본격적으로 불리며 세상에 호명된다. 문익환 목사는 1987년 7월 9일 이한열의 장례식에서 열사들의 이름을 불렀다. 광주 영령과 송광영을 포함해 모두 26명의 열사이다.

"전태일 열사여! 김상진 열사여! 김태훈 열사여! 황정하 열사여! 김의기 열사여! 김세진 열사여! 이재호 열사여! 이동수 열사여! 김경숙 열사여! 진성일 열사여! 강상철 열사여! 송광영 열사여! 박영진 열사여! 광주 2천여 영령이여! 박영두 열사여! 김종태 열사여! 박혜정 열사여! 표정두 열사여! 황보영국 열사여! 박종만 열사여! 홍기일 열사여! 박종철 열사여! 우종원 열사여! 김용권 열사여! 이한열 열사여!!!

그 자리에는 민가협, 유가협 소속 어머니들이 머리에 삼베 수건을 쓰고 서 있었다. 그들은 대열의 앞에 서서 학생 노동자들과 함께 걸었다. 유가협 소속 회원들은 각종 집회·시위가 있는 곳을 찾아다니며 자식의 뜻을 전하였는데 연단에 올라 연설을 하면 많은 이들이 눈물을 훔치며 공감하였다. 그중에서도 이오순의 연설은 모두의 심금을 울리기로 유명하였다.

1988년 10월 17일부터 유가족들은 의문사 진상규명을 위한 135일의 장기 농성을 펼쳤다. 광영처럼 스스로 목숨을 바쳐 저항한 경우나 군사정권의 폭력에 고문으로 사망한 경우처럼 명확한 사인이 밝혀진 죽음 외에도 사인이 밝혀지지 못한 희생자가 너무나 많았기 때문이다. 5 공화국 이후 의문의 죽임을 당한 자식과 형제들을 둔 34인의 유가족들은 한 달이 넘도록 농성투쟁을 전개하면서 구속 유가족의 석방과 의문사 진상규명을 위한 범국민 투쟁을 진행한다. 또 이 과정에서 구속자들에 대한 연대와 사법당국의 무분별한 형 집행에 항의하기 위하여 재판이 열리면 꼭 찾아가 방청하였다. 88년 10월 14일 대법정에서 열린 미대사관 사제폭발물 투척사건 재판에서는 재판부가 심리도 하지 않은 상태에서 판결을 밀고 나가자 '권력의 시녀 사법부는 각성하라!' 등의 구호를 외치다 연행되기도 하였다. 이오순은 적극적인 활동가였기에 유가협 활동을 하면서 수차례 구속되었다가 석방되고 수배를 받기도 한다.

1989년 5월 8일 '유가족 어버이 한마당 잔치'가 열렸다. 여기에서 처음으로 유가협 가족들을 위해 김제섭이 만든 '눈 감으면'이 선보였다. 노래 제목은 문익환의 시에서 가져왔는데 문익환 목사는 이오순의 이야기를 듣고 시를 썼다.

"이상혀 눈만 감으면 광영이 뛰여다니는 게/ 여기도 저기도 보이니/ 저게 다 내 아들 광영이 아닌개비여!/ 뜨거운 불길이 여기저기 치솟는 것이 보이는구면!/ 저 아우성이 모두 광영이 아닌개비여!"

박종철의 아버지 박정기는 이오순이 입만 열면 되뇌던 말을 그대로 옮긴 시라고 알려주었다. 떠난 자식을 그리워하는 어머니의 심정을 담은, 열사가 아닌 유가족을 소재로 한 최초의 노래였다.

"눈 감으면 보이는 내 아들딸의 얼굴/ 지금도 떠나지 않고 가슴속에서 웁니다/ 해마다 봄이 오면 메아리도 아지랑이도/ 눈 감으면 보이는 사랑스런 모습"

이오순의 노래이면서 유가족들 모두의 노래였다. 그 후 이 곡은 '노래를 찾는 사람들'의 공연에서 불리었다.

1990년 경원대학교 재학생들과 유가족들이 정성을 모아 송광영 열사 추모비를 건립한다. 동지들과 후배들이 광영의 죽음이 헛되지 않았다고 말해주어 고맙고 기억해주어 고마운데 추모비가 생겨 세월이 흘러도 그 마음이 전해질 거라 생각하니 이오순은 큰 짐이 덜어진 듯 기뻤다.

1991년 1월에는 한울삶에서 가족 교실이 열렸다. 유가족들이 마냥 싸움만 하러 다닐 게 아니라 역사와 시국에 대한 궁금증을 해소하고 자식의 죽음을 더 정확하게 이해하기 위해서 공부를 해야겠다고 생각하였기 때문이다. 당시 교장은 박래군, 정미경과 간사들이 자료를 만들어서 민주화 운동사와 현대사, 일제시대 민족해방사, 민중의 역사 등을 배웠고 문익환 목사 방북비디오를 함께 보기도 했다.

이오순은 가족교실 후기에서 이렇게 고백했다.

"선생님들로부터 자세한 가르침을 듣고 보니 나는 인생을 헛살았다는 생각이 든다. 팔십 노인이 손주한테 배운다는 속담이 맞다. 광영이를 잃고 나서야 민주화가 무엇인지, 독재가 무엇인지 조금 알게 되었다. 그것도 광영이가 남기고 간 유서를 읽으면서 알게 되었다…. 나는 65살이 되면서 귀 눈이 일부 떠진 셈이다."

유가협의 열정적인 투쟁을 곁에서 문화예술로 연대하던 이들도 있었는데, 이 힘으로 유가협은 재야 예술인들과 함께 91년 4월 27일 연세대에서 〈어머니의 노래〉 공연을 열기로 하고 90년 겨울부터 기획을 하고 공연 준비에 들어갔다. 유가족들 삶의 이야기를 들려주고 열사들의 뜻을 전하자는 취지의 공연이었다.

그러다 공연을 하루 앞두고 명지대생 강경대 학생이 쇠파이프에 맞아 죽은 사건이 발생했다. 유가협은 밤새 명지대생 강경대의 주검을 지키며 농성을 벌였고 긴 토론 끝에 어렵게 준비한 공연을 진행하기로 결정했다. 마음이 무거웠지만, 이후 정국을 생각한다면 이날 공연을 강행하지 않았다면 다시 열리기는 불가능했을 것이다.

〈어머니의 노래〉 1부는 자식을 기르는 어머니의 소박한 심정을 담은 노래가 이어졌다. 2부 '잃어버린 꿈'은 자식의 죽음, 그리고 유가족의 좌절과 비탄이 주조를 이뤘다. 3부 '부활과 희망'은 자식들의 몫까지 껴안고 싸우는 어머니 아버지들의 희망으로 피날레를 장식했다. 공연 전체가 유가족들의 삶 그대로였다. 박정기·배은심·이소선·전영희 4명은 독창자로도 나섰는데 박정기가 부른 '백범 추모가'는 그다지 알려지지 않은 노래였는데, 술자리에서 박정기가 부를 때면 이오순은 늘 눈시울을 적셨다고 전해진다.

1985 송광영

"어허 여기 발 구르며 우는 소리/ 지금 저기 아우성치며 우는 소리/ 하늘도 땅도 울며 바다조차 우는 소리/ 님이여 듣습니까? 님이여 듣습니까?"

유가족들의 무대 사이사이 가수들의 노래가 흐르고 공연 막바지에 문익환 목사가 유가협 깃발을 휘날리며 극적으로 무대에 등장했다. 깃발엔 '산 자여 따르라'는 문구가 선명하게 새겨져 있었다. 유가협 회원들이 모두 무대 위로 올랐다. 문익환은 유가족들을 끌어안고 마지막 노래를 불렀다.

다음날부터 유가협 어머니 아버지들은 누구보다 열심히 싸웠다. 투쟁 현장에서 경찰의 방패와 곤봉이 날아드는 맨 앞에서 육탄으로 저지하는데 주저하지 않았다. 또한 집회장에서는 누구보다 큰 울림이 있는 연설가로 활동했다. 유가협 회원들의 육탄 저지에 집회·시위 참가자들은 큰 용기를 얻어 싸웠고, 그들의 진심 어린 목소리에 지치지 않을 수 있었다.

이 시기에 이오순은 때론 '감동의 황색 가방' 혹은 누군가에겐 '공포의 황색 가방'으로 불렸다. 1991년 이오순은 유가협 부회장직을 맡는다. 1985년 아들 분신 후 6년, 그는 투쟁을 쉬지 않았으며 아들의 죽음으로 뻥 뚫린 빈자리를 유가협 동지들과 문익환 목사님 등 민주화운동을 하는 사람들로 가득 채웠다.

투쟁하는 자리에 가 아들 몫을 대신하기 위하여 그는 할 수 있는 일은 다 했다. 열심히 하다 보면 아들이 원하던 세상을 조금이라도 앞당길 수 있을 거란 생각에 마이크도 잡고, 밥주걱과 국자든 필요한 일이면 무엇이든 하면서 투쟁의 핵심이 되었다. 이런 모습은 광영이 죽기 전에는 전혀 예상하지 못한 새로운 삶이었다. 그렇게 그는 광영이 어머니가 아닌 민주투사 이오순이 되어 갔다.

투쟁현장에 서 있는 이오순

공포와 감동의 황색 가방

이오순의 거침없는 성격과 우렁찬 목소리는 재판정이라고 다르지 않았다. 1991년 7월 4일, 당시 덕수궁 옆에 있던 서울서부지원에서 강경대 치사사건의 주범인 전경들에 대한 1차 공판이 열렸다. 5월 투쟁을 하면서 백골단에 두들겨 맞아 다치고 체력이 많이 약해진 상태에서도 유가족들은 재판을 보려고 재판정에 모였다. 강경대를 쇠파이프로 때려죽인 가해자들을 보는 일이 마음 편하지는 않았지만 재판이 공정하게 진행되는지 지켜볼 필요가 있었기 때문이다.

유가족의 우려대로 피고 쪽 변호사는 강경대가 시위에서 화염병을 던지고, 폭력 시위를 펼친 점을 부각하며 정당한 시위대 해산 과정에서 발생한 우연한 사고로 몰아갔다. 이에 분노한 유가족들은 엉터리 재판을 중지하라고 항의했고, '살인자를 옹호하지 말라', '진상을 왜곡하지 말라'며 소리쳤다. 제지하는 교도관과 몸싸움을 벌이고 판사들이 앉아 있는 법대를 향해 뛰쳐나가 태극기, 사건 기록부 등을 던지며 분노를 표출했다. 재판은 중단되었다가 오후 4시에 다시 열렸고 이오순과 오영자, 박정기 등은 이튿날 망월동 묘역에서 열리는 이한열 4주기 추모제에 참석하기 위해 광주로 이동했다.

그리고 뒤늦게 돌아와 서울지검에서 박정기와 강민조, 이오순, 오영자와 민가협 회원 이중주를 구속한다고 발표한 것을 알게 되었다. 박정기는 7월 7일, 강민조는 7월 12일 구속되었는데 이오순은 경찰에 잡히지 않고 오영자 및 이중주와 함께 수배생활을 했다. 유가협 간사 박래군과 정미경이 옷과 모자, 선글라스를 마련해주어 누가 보아도 평범한 어머니로 보일 수 있었다. 이들은 보따리를 들고 전국을 떠돌며 실향민처럼 지냈지만 떳떳하였다. 당당히 감옥에 갈 수도 있었으나 여론이 폭력적인 모습만을 부각하며 유가협에 불리하게 돌아가고 있었기 때문에 잡히지 않는 쪽을 택했다. 6월 3일 외대 계란 투척 사건이 있은 후 저항세력을 고립시키기 위하여 언론이 앞장서서 여론을 형성했는데, 이들의 폭력성과 반사회성 부각에만 집중하고 있었기 때문이다.

1991년 후반기부터 1993년 사이는 이러한 여론의 영향과 함께 운동이 각 부문별로 흩어지고 다양한 정치 지형을 두고 조직이 세분화되면서 단일한 대오로 싸우는 대규모 집회·시위가 줄었다. 운동의 상징적 지도부는 문익환 목사, 백기완, 계훈제, 이소선 등이었는데 문익환은 1989년 방북을 이유로 구속되었다가 1990년 10월에 형집행정지로 풀려나 1991년 열사 정국에서 활동하다 6월에 다시 구속되는 등 파란을 겪고 있었다. 그는 1993년 3월에 출소 후 제4차 범민족대회 남측대회장을 맡는 등 통일운동에 매진하였다.

그러던 1994년 1월 18일, 뜻밖의 일이 일어났다. 유가협 회원들이 의지해 온 어른 문익환 목사가 일흔여섯의 나이에 심장마비로 갑자기 사망한 것이다. 유가협 회원들은 황망한 소식에 한일병원에 모였다. 국민들도 대대적으로 그를 추모하였다. 문익환 목사 노제에는 약 1만여 명의 시민이 모였다.

이오순의 충격은 이루 말할 수가 없었다. 그리고 그것이 원인이 되었는지, 뒤이어 사흘 뒤 마당에서 빨래를 널다가 쓰러졌다. 평소 지병인 당뇨가 있었지만 몸이 아프다는 내색이 없었는데, 가족들은 문익환의 별세 소식이 너무나 큰 충격으로 다가온 게 아니었나 생각하였다. 왜냐하면 이오순에게 문익환 목사는 매우 각별한 사람으로 85년 9월, 아들 송광영의 분신으로 만난 이래 세상을 떠날 때까지 이오순을 곁에서 늘 위로한 사람이자, 민주화운동의 길을 안내한 선생님이자, 함께 했던 동지였기 때문이다.

이오순은 "나 죽으면 광영이랑 문 목사님 묻혀 계신 마석 모란공원에 묻어주고, 꽃일랑 차라리 종이꽃으로 해줘. 문 목사님처럼 많은 통일의 씨앗을 뿌리고 죽어야 하는데, 95년까지만 사셨어도 이렇게 슬퍼하지 않았을 텐데"라고 이야기했다고 한다.

그렇게 1994년 1월 26일 또 한 명의 민주투사가 세상을 떠났다. 그의 나이 68세였다. 유가협은 민주사회장으로 이오순의 장례를 치른 뒤 마석 모란공원에 안치했다. 아들 송광영도 파주 금촌에서 마석 모란공원

으로 이장한 상태였는데 나란히 안치하지는 못하였다. 훗날 이천 민주
화운동 기념 공원이 조성되어 아들 송광영과 함께 현 위치로 이장하면
서 이오순은 아들과 나란히 누울 수 있게 되었다.

이오순 어머니

❖ 어머니 이오순의 생애

1926년 5월 18일	전남 광주시(현 광주광역시) 오치동에서 태어남
1943년	해방 두 해 전 송판금 씨와 결혼
1964년	남편 송판금 씨 여읨. 이때 나이 38세
1964년 – 1985년	방방곡곡의 시골 장터를 돌아다니며 돗자리 행상, 파출부로 처절한 민중의 삶을 삶
1985년 9월 17일	경원대 법학과 2학년에 재학 중이던 막내아들 송광영 군 분신, 이후 10월 21일 운명
1985년 9월 18일	경원대 신문과의 인터뷰에서 "난 민주도 모른다요, 열사가 다 뭐다요. 우리 광영이가 죽으면 무슨 소용 있다요"라고 말해 만인의 가슴을 울림
1985년 11월	경기도 금촌 기독공원 묘원에 송광영 열사의 경원대 벗들이 모금하여 세운 묘비를 관계기관에서 탈취한 사건 발생. 이때 어머니께서는 "야 이놈들아! 한번 죽이면 됐지. 불같은 청춘을 두 번 죽이냐!"라고 호통치며 금촌경찰서 항의 방문투쟁을 주도함
1989년	서초동 꽃마을에서 유가협 어머니들과 동고동락하며 투쟁

1990년 10월 21일	경원대 진리관 앞 공원에 어머니의 숙원이었던 송광영 열사 추모비가 경원 가족의 정성으로 건립
1991년 – 1992년	전국민주화운동 유가족협의회 부회장 역임. 그 후 강경대 분신, 시국사건, 구속재판 현장에 투사의 어머니답게 자신의 온몸을 바쳐 투쟁. 특히 강경대 열사 치사 경관 공판 도중 부당한 판결에 항의하다 법정소란죄로 1심에서 1년 6개월을 구형당하고 만년에 수배생활을 함
1994년 1월 26일	오후 6시경 송광영 열사를 생각하며 죽은 듯 죽지 않고 살아 있는 수돗가 다알리아 꽃이 흰 눈에 싸여 있을 때 투사의 어머니 한스럽게 잠들다.

❖ 장례식날 당시 유가협 회장이었던 강민조 씨의 연설

故 이오순 어머니. 우리 유가족들은 이오순 어머니를 '광영 어머니'라 불러왔습니다. 9년 전 막내아들 송광영 동지가 "군부독재 타도!"를 외치며 분신, 운명한 후 광영 어머니의 운명은 바뀌었습니다. 그저 겸손하고 꼿꼿한 성품을 가진 포근하게 다가오는 우리 곁에 항상 있는 평범한 어머니에서 동지의 어머니로 바뀌어야 했습니다. 자식을 먼저 보내게 되어 찢어진 가슴 부둥켜안고 죽어간 자식의 한을 풀기 위해 자식보다 더욱 열심히 살아오셨습니다. 광영 어머니! 자식의 한을 다 풀지 못했는데 어떻게 먼저 가신단 말입니까! 광영 어머니! 우리는 그렇게 만났습니다. 저마다 가슴속에 자식들의 무덤을 만들어두고 그 쓰린 가슴 어디에도 호소할 곳 없어 서로의 찢긴 상처를 핥아 주며 그렇게 서로를 위로해 왔습니다. 억울하게 사인도 밝혀지지 않은 채 의문의 죽음으로 살해당한 자식들의 한을 풀기 위해 136일 동안이나 농성을 했을 때도 광영 어머니는 우리 모두의 모범이셨습니다. 차가운 겨울의 거리거리에서 양심수 석방을 외칠 때에도, 오월의 뜨거운 태양 아래 자식들이 계속 죽어갔을 때 어느 집회에서나 어느 투쟁에서나 우리는 항상 동지였습니다. 이제 광영이와 함께 잠들 수 있겠군요. 광영이가 잠결에 이불 걷어차면 덮어주시고 다른 아들, 딸들도 돌보아 주세요.

1994. 1. 28.

1985 송광영

부 록

기록·연표 외

송광영 열사정신 계승 기록

▶ 1985년 9월 17일

경원대 학생총회가 열릴 예정이었으나 그날따라 궂은비가 내려 총회는 연기되었다. 비가 내리는 가운데 온몸에 불붙은 채로 송광영 열사는

"학원 악법 철폐하고 독재정권 물러가라!", "광주학살 책임지고 전두환은 물러가라!"는 구호를 외치며 빗속을 질주하다가 쓰러졌다.

그리고 다시 한번 일어나 "학원안정법 철폐하라!", "학원탄압 중지하라!" "군사독재 물러가라!"고 외치며 쓰러졌다.

열사는 병원에 실려 가는 도중에도 "야! 뭐해? 싸워!" 라며 주위의 학우들에게 투쟁을 독려하였다. 분신 후 성남병원으로 옮겼으나, 서울대학병원으로 이송, 응급처치만을 받고 다시 서울기독병원 중환자실로 이송 입원하였으나, 분신의 의미가 확실히 전달되기 바란다며 치료와 식사를 거부하였다.

경원대 학생들은 시위를 하며 성남병원까지 행진하였다. 각 신문사에서 취재를 해 갔으나, 신문에는 일체 나오지 않았다.

송광영 열사는 고통 속에서도 계속 구호를 외치며 분신 이유를 설명하였다. 그리고 경찰은 경원대에서 대책을 논의하던 학생 7명을 연행해 갔고, 고인의 일기장 등 다수의 유품을 압수해 가는 폭거를 자행하였다.

▶ 1985년 9월 18일

경원대 학생들이 시위 뒤 병원을 방문하였다. 송광영 열사는 찾아오는 민주인사와 학생들에게 "밖의 상황은 어떻게 전개됩니까? 왜 여기에 오셨습니까? 오시지 말고 밖에서 싸워주십시오. 지금은 싸워야 할 때입니다"라고 말하며 투쟁을 독려하였다.

▶ 1985년 9월 19일

경찰의 배치로 가족을 제외한 학생, 동료, 민주인사들의 문병이 일체 저지당했다(운명 후 장례일까지 계속됨). 성남지역 대책위원회가 구성되었고, 학생들이 갖고 있던 분신 현상 사진이 경찰에 의해 압수당했다.

▶ 1985년 9월 26일

서울 기독교회관 목요 예배 시 '사건 경위보고'를 한 후 13개 기구의 대표자들이 모여 송광영 동지 분신구명대책위원회(위원장: 문익환 목사)를 구성하고 '송광영 동지 항거에 붙여'라는 성명을 발표하였다.

▶ 1985년 10월 19일

내내 회복세를 보이던 병세가 급격히 악화되었으며, 먹는 대로 다 토해냈다. 그러나 의사는 계속 병세가 호전되고 있다면서도 죽으면 매장을 할 것인지, 화장을 할 것인지를 물어보고 전경차가 대기하고 분위기가 심상치 않았다.

▶ 1985년 10월 20일

40도 이상의 고열 속에서 혼수상태에 빠졌으며, 밤새 무의식적으로 "어머니"를 부르는 신음과 고통 소리가 병실 밖까지 흘러나왔으나 면회시간이 아니라 들어가 보지도 못하게 되었다.

▶ 1985년 10월 21일

새벽 1시 45분경(간호원이 가족을 불러 운명을 확인한 시각), 구명 대책위를 장례위로 변경 구성하고 새벽 3시 30분에 장례위원은 병원으로 집결하였다. 오전 10시 50분경 송광영 열사의 시신이 영안실로 이동하였고, 경찰은 병원 2층에 지휘본부를 설치하고 문상객을 통제하고 조문 온 국회의원도 그냥 돌아가게 했으며 장례를 당장 치르라며 협박하였다. 이에 가족들은 장례는 사회장으로 장례준비는 장례위원회에 일임한다고 하였다. 학교에서는 12시를 전후하여 분향소를 설치하였고, 경찰의 압력으로 인해 학교 당국의 분향소 철거 요구가 계속되었으나, 학생들에 의해 묵살되고 학생들은 병원 주위에 시위를 하며 경찰과 대치하였다.

▶ 1985년 10월 22일

새벽 1시경 경찰이 학내에 진입하여 분향소를 파괴 철거하였고, 학생 5명을 연행해 갔다. 학생들은 중간고사를 전면 거부하고, 가족들 사회장과 장지 금촌을 주장하며 경찰에 항의하였다.

▶ 1985년 10월 23일

경찰이 치안상의 이유를 들어 집요하게 방해, 장례를 치를 수 없게 되자 심지어 송광영 열사의 누님은 목을 매어 자살 기도를 하는 등 가족들의 강력한 저항에 결국 영결식 없이 매장을 결정하였다.

장지로 가는 과정에서 경찰이 운구 행렬을 강원도 춘성군으로 빼돌리려 하자 송광영 열사의 누님이 차 앞에 드러누웠다. 40∼50명의 경원대 학생과 가족이 함께, 금촌 기독교인 묘지로 향하는 동안 전경차 및 경찰 승용차가 살벌한 경계를 펼쳤다.

▶ 1985년 10월 24일

학내에서 경원대 학생들 1,000명이 4차례에 걸쳐 교문 진출 시위를 격렬하게 전개하였다. 중상 3명, 경상 15명의 부상자가 발생하였으며, 귀가하던 학생들마저 경찰은 무차별로 연행하였다.

▶ 1985년 10월 25일

경원대에서 삼우제가 거행되고 학생들은 격렬한 시위를 벌였다.

▶ 1986년-1990년

해마다 9월 17일을 전후로 1주의 열사정신계승주간을 정해 학교에서 문화행사 및 집회·시위를 전개하였다.

▶ 1990년 10월 21일

송광영 열사 추모비가 학생과 재야, 유가족의 힘으로 C동 진리관 앞에 세워졌다.

▶ 1992년 5월 6일

5·18 광주민중항쟁유족회(회장 윤석봉)는 제2회 5·18 시민상 수상자로 송광영 열사를 선정하였고, 18일에 상을 수여하였다.

▶ 1996년 9월 22일–12월 13일

경원대 최원영 재단은 진리관 앞에 위치한 송광영 열사 추모비를 탈취하는 만행이 벌어졌다. 이에 책임자 처벌과 추모비 원상복구를 요구하며 유가족, 동문과 학생, 시민사회단체들의 투쟁이 벌어지고 유가협은 학내에서 천막농성을 펼치며 민주주의 사회에서 벌어질 수 없는 만행과 열사에 대한 모욕에 맞서 투쟁을 펼쳤다. 이에 61일 만에 추모비를 되찾고 12월 13일에 다시 세우게 되었다.

▶ 2001년 12월

민주화운동 관련자 명예회복 및 보상심의위원회에서는 민주화운동 유공자로 송광영 열사를 선정하였다.

▶ 2022년 6월 10일

국민훈장 모란장을 받는다.

▶ 2022년 11월

C동 진리관 건물의 철거로 인하여 학생회관 앞으로 추모비를 이전하고, 훈장증을 추모비 앞에 세운다. 또한 분신산화 장소에는 기념동판을 제작해 설치한다.

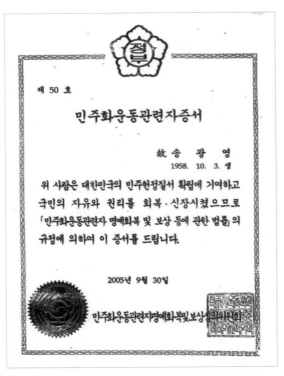

민주화운동관련자증서

경원대학교 열사들

▌송광영 열사

- 1958년 10월 3일 전남 광주 출생
- 1974년 2월 서울 경신중학교 졸업
- 1975년~76년 청계노조 활동
- 1976~1979년 인천에서 신문팔이 및 Y셔츠 장사 등에 종사
- 1979년 방위병 입대
- 1982년 8월 고등학교 검정고시 합격
- 1984년 경원대학 법학과 입학
- 1984년 2학기 실존주의 철학연구회 창설
- 1985년 1학기 경제문제연구회 창설
- 1985년 9월 17일 군사독재에 항거 분신
- 1985년 10월 21일 새벽 1시 45분경 운명

▌천세용 열사

- 1971년 5월 서울 출생
- 1990년 서울 동북고 졸업. 경원대학교 전산과(2부) 입학
- 1990년 3월 경원대학교 민족사 연구회 '한얼'에서 활동
- 1991년 5월 3일 오후 3시경 '강경대 학우 폭력 살인한 노태우 정권 타도를 위한 결의대회' 도중 분신 후 투신하여 운명

▌장현구 열사

- 1969년 서울 출생
- 1988년 대원고등학교 졸업
- 1989년 경원대학교 공과대학 전기공학과 입학
- 1990년 카톨릭학생회 회장, 제1대 공대 학생회 홍보부장
- 1991년 제2대 공대 학생회장, 제1기 학원자주화추진위원장
- 1992년 11월 9대 총학생회 제1기 학원자주화추진위원장 대통령 공정선거감시단 활동 중 폭력 연행 후 가혹, 고문수사 당함
- 1993년 2월 징역 1년 6개월 집행유예 3년으로 출소
- 1993년 3월 부정입시 관련 비상학생총회 중 교수, 직원에 의해 집단구타 당함
- 1993년 4월 이후 정신과 입원 치료(이후 5차례에 걸친 입, 퇴원 과정에서 3차례 자살 기도)
- 1995년 12월 4일 서울 송파동 송파 사거리에서 분신(전신 80%, 부분 3도 화상)
- 1995년 12월 14일 10일간의 투병 끝에 운명

▌진철원 열사

- 1976년 1월 4일 출생
- 1994년 2월 대원고등학교 졸업
- 1995년 3월 경원대학교 도시계획학과 입학, 민족사 연구회 '한얼' 활동 시작
- 1995년 12월 장현구 선배의 사인 진상규명과 명예회복 투쟁이 전개되면서 그동안 소홀했던 자신의 활동을 반성하며 본격적으로 활동
- 1996년 4월 6일 밤 9시 30분경 총여학생회실에서 분신, 운명

1985 송광영

▌이상희 열사

- 1969년 8월 출생
- 1988년 3월 경원대 독문과 입학
- 1990년 동아리 활동과 학생운동에 참여
- 1990년 11월 시위 도중 화염병 소지 혐의로 연행 고문당한 후 구속됨
- 1991년 출소 후 고문 후유증으로 정신분열증세 보임. 이후 정상적인 생활이 어려울 정도로 괴로워하고 정신적 치료도 받음
- 1996년 12월 11일 치료 중 투신 운명

▌이오순 열사

- 1926년 전남 광주 출생
- 1985년 막내아들 송광영 동지 분신으로 운명
- 1989년 유가협 회원으로 활동
- 1991년 전국민주화 유가족 협의회(현 전국민족민주유가족협의회) 부회장 역임, 강경대 동지 치사 경관 공판 도중 부당한 판결에 항의하다가 1년 6개월 수배생활
- 1993년 송광영 동지 묘역을 마석 모란공원으로 이장함
- 1994년 1월 2일 문익환 목사 장례식에 참여하고 충격받음
- 1994년 1월 26일 운명

❖ 송광영 일생·민주화운동 연표

민주화운동	연도	송광영 일생
8.15 광복 ●	1945	
대한민국정부수립 ●	1948	
한국전쟁 ●	1950	
진보당사건 ●	1958	● 송광영 출생(10.3)
2.28 대구학생봉기 ●		
3.15 마산시위 ●	1960	
4.19 혁명 ●		
한일회담반대투쟁 ●	1964	● 짧은 시골생활(3~6세 무렵)
베트남전쟁 파병(1964~1973) ●		● 초등학교 입학(7세)
11.13 전태일분신 ●	1970	
광주대단지사건 ●	1971	● 서울효제초등학교 졸업
민청학련, 인혁당사건 ●	1974	● 서울경신중학교 졸업, 양복점 취직
		● 청계노조활동
청계노동교실폐쇄 ●	1977	● 신문팔이 및 와이셔츠장사
YH무역사건 ●	1978	
부마항쟁 ●	1979	
5.18 광주민주화운동 ●		● 방위병 근무 및 검정고시준비
5.30 김의기투신 ●	1980	
6.14 김종태분신 ●		
서울대학생연합 광주학생 진상규명 및 책임자처벌 시위 ●	1982	● 고졸 검정고시 합격
	1983	● 시사영어사 외판원

1985 송광영

5.18 민청련, 광주항쟁 희생자 추도식 ●		
8.27 목동주민 철거 반대투쟁 ●		
9.17 서울대 학원프락치 사건 ●	**1984**	● 경원대학교 법학과 입학
성남종합시장 협진노조 탄압중지 횃불시위 ●		
청계노조합법성쟁취 4자대회 ●		
전국학생총연합(전학련)결성식 (산하 삼민투위 설치) ●		● 송광영분신(9.17)
전국 대학생 광주항쟁 진상규명요구 시위 ●	**1985**	● 분신구명대책위구성(9.26) ● 송광영사망(10.21)
서울 미문화원점거농성 ●		● 장례준비위 17명연행(10.23)
구로동맹파업 ●		
7.26 학원안정법 보도 ●		
8.15 홍기일분신 ●		
87년 민주화운동 노동자대투쟁 ●	**1987**	
	1990	● 송광영열사 추모비 건립(10.21)
4.26 강경대사망 ●	**1991**	
5.3 천세용분신 ●		
	1992	● 5.18 시민상 수상
	1994	● 어머니 이오순 사망(1.26)
	1996	● 학내추모비탈취사건
	2001	● 민주화운동 유공자로 선정
	2022	● 국민훈장 모란장 추서, 추모비 이전

19
85
송광영

펴낸날 2022년 11월 18일

기획·제작 송광영·천세용 기념사업회, 민주화운동기념사업회
펴낸이 주계수 | **편집책임** 이슬기 | **꾸민이** 이화선

펴낸곳 밥북 | **출판등록** 제 2014-000085 호
주소 서울시 마포구 양화로7길 47 상훈빌딩 2층
전화 02-6925-0370 | **팩스** 02-6925-0380
홈페이지 www.bobbook.co.kr | **이메일** bobbook@hanmail.net

© 송광영·천세용 기념사업회, 민주화운동기념사업회 2022.
ISBN 979-11-5858-923-3 (03300)